幸福城市
才是最好的城市

卢俊卿　著

东方出版社

目 录
CONTENTS

上 篇　幸福城市"一二三四五"

　　鳞次栉比的高楼、宽阔整洁的马路、一眼望不尽的人群、应接不暇的各种机会……在这里，你也不得不忍受雾霾、拥堵、高物价及竞争压力等方面的问题，这里就是城市，一个让你既爱又恨的地方。人们都渴求住在一座幸福的城市，富足、绿色、宜居、活力、繁荣、公正……让他们有安全感、归属感和自豪感。

　　怎样才算最好的城市，如何建成幸福城市？我一直在寻找答案。多年来，我考察游览了世界各地的众多城市，每到之处必观察、总结与探讨其优劣，长年下来对幸福城市建设形成了一些思考，并将其总结为"一二三四五"理论。

下 篇 幸福城市学得到

当我们的城市被各种问题困扰，当我们的幸福指数不尽如人意时，还有很多城市的人们过着令人艳羡的幸福生活。比如迪拜，虽处在战火纷纷的中东，却以安全名扬海外；丹麦奥胡斯，人与人之间高度平等和信任，堪称"童话世界"。还有我国的杭州、成都等，风景如画，气候宜人，让人流连忘返。

这些幸福城市其实并不神秘，只要我们善于学习借鉴，它们幸福背后最珍贵的幸福基因就会吸收到我们的城市建设中来。

幸福城市才是最好的城市

自 序

把我的名字与"幸福"二字联系在一起，熟知我的朋友都不会感到奇怪。多年来，我致力于"幸福"课题的研究，希望将幸福的理念发扬光大。我作过许多以"幸福"为主题的演讲，在各类媒体上也发表过一些以"幸福"为主题的文章。四年前，我还将自己经营的企业更名为"天九幸福集团"。

1. 缘起

大部分读者了解我，则是因为三年前我出版的《幸福企业才是最好的企业》一书。这本书面世后，在企业管理学界产生热烈反响。书中提出的一些观点，被众多企业家接受并用于指导实践，对建设幸福企业，增强企业核心竞争力起到了较大作用。

巧合的是，就在《幸福企业才是最好的企业》出版后不久，整个中国也掀起了一场全民探讨"幸福"的热潮。尤其是央视一句"你幸福吗？"，更是将这股热潮推向巅峰。作为一个幸福学的探索者，看到这样的盛况，又何尝不是一种幸福呢？

古人云：读万卷书不如行万里路。而我则且行且思，喜欢思考与总结。由于工作关系，我走访过很多国家，考察了世界各地众多著名的城市。每到一座城市，我都喜欢与这个城市不同职业的人们交流，上至总统，下至普通市民，通过长年的观察和交流，我对城市建设逐渐形成了一些思考。随后，我用了两年多时间沉淀、整理，形成了"幸福城市一二三四五"理论体系，最终下决心写作这样一本书，书名叫做《幸福城市才是最好的城市》。

2. 框架

本书内容框架上，分为两大部分——理论阐述和借鉴参考。理论部分系统阐述了"为什么要建设幸福城市""什么样的城市是幸福城市""怎样建设幸福城市"等最为根本又最为具体的命题。

在理论体系部分，我试图根据这些年的所见、所闻、所思，抽取出我所理解的幸福城市和影响市民幸福的众多"因子"，以及这些"因子"间的"最大公约数"。最后我浓缩提炼出"幸福城市一二三四五"理论体系，具体包括——幸福城市的一个中心：以市民幸福为中心；建设幸福城市要遵循的两个法则：贯彻爱情法则和亲情法则；幸福城市满足市民三个层次的幸福感需求：物质层次、情感层次、精神层次；建设幸福城市的四大主体：建设幸福城市需要政府、市民、企业、社会四大主体联合共建；幸福城市的五大标准：从物质、环境、情感、人际关系和社会公平五个方面考察，来检验我们幸福城市建设的成果。从整体看，"一"、"二"、"三"属于幸福城市的内涵要义；"四"属于幸福城市的执行要求；"五"则属于幸福城市的评价标准。

在借鉴参考部分，我选取了国内外 7 个典型的幸福城市，作为全面、系统分析的对象。一方面，希望读者透过我笔下的场景再现，得到幸福城市的欣赏与向往；另一方面，希望我的解读剖析，能触发读者的深思——这些标杆城市真正的"幸福密码"到底是什么？当然，每一座城市都有其独特的"幸福密码"，但只有读懂并破译这些"密码"，深刻理解其背后的规律，才能更好地重构自己的"幸福密码"。正所谓"他山之石，可以攻玉"。

3. 平台

建设幸福城市，是一个"仁者见仁、智者见智"的开放式命题。我自认是幸福命题的观察者、思考者，我不是城市建设这方面的专家，但我希望这本书是一个交流的平台，我斗胆以一个普通市民的身份为城市管理者建言献策，并希望与每一个渴望生活在幸福城市的市民们谈谈自己的观点。如果书中阐述的理论观点、援引的标杆案例，对幸福城市的建设能起到一定的抛砖引玉作用，也就不枉两年多的呕心沥血了。

最后，要感谢在本书写作过程中给予我无私帮助和支持的人们，包括与我坦诚交流的那些城市管理者、专家学者、普通市民，还有我的家人、同事。同时，要特别感谢本书一些数据和图片的提供者，感谢东方出版社对本书编辑、出版工作的大力支持。由于时间仓促，加上我的水平有限，书中难免有不妥之处，恳请各位读者提出宝贵意见，再版时必将改正之。

卢俊卿

2015 年 5 月 1 日

前　言

城市是个组合词，为了安全和防卫，用墙围起来是为"城"，为了生活和发展，聚集起来进行交易是为"市"。可以说，城市的出现，是人类走向成熟和文明的标志，也是人类群居生活的高级形式。

在美国，有大约 2.43 亿人口，也就是说 77% 的人口拥挤在仅占国土面积 3% 的土地上，那里就是城市。生活在东京及其周围的人口高达 3600 万，这里是全球生产效率最高的城市区域。在印度孟买的中心城区，居住着 1200 万人口。在中国上海，常住人口超过了 2500 万，北京的规模与其相差无几。

1800 年，全球仅有 2% 的人口居住在城市；到了 1950 年，这个数字迅速攀升到了 29%；到了 2000 年，世界上大约有一半的人口迁入了城市；到了 2010 年，全世界的城市人口已占总人口的 55%。可以说，在一个空间如此辽阔的星球上，我们选择了城市，人类已经进入了"城市时代"。

圣雄甘地曾经反对城市化，并曾说过："印度的发展并非依赖城市，而是依赖村庄"。但也许这位伟人错了，因为当前印度的发展几乎完全依赖它的城市，平均来看，印度城市人口每增长 10%，人均产值就会增长 30%。

当前，每个月有 500 多万人口迁居到发展中国家的城市里。

幸福城市才是最好的城市

而中国的城市化进程也被列入了发展规划目标，中国未来十多年将有上亿人口融入城市。

城市，让人们的沟通和协作变得更加容易，促进了思想碰撞和科技创新，缩短了人们的空间距离，提高了人类的整体生活质量，担负着人类的光荣与梦想。城市，是人类文明的结晶，也是诞生伟大奇迹和美好希望的地方，城市的未来将决定人类的未来！

城市如此重要，我们到底需要什么样的城市？这关系到我们未来的人类发展。当越来越多的人涌入城市，我想到2000多年前古希腊哲学家亚里士多德讲过的一句话："人们来到城市是为了生活，人们居住在城市是为了生活得更好。"

城市不等于建筑，城市等于居民。城市给人带来便利，但也带来了很多问题：人口拥挤，交通拥堵，资源短缺，环境污染……这与人们的美好愿望渐行渐远。

人们终于发现：使城市居民开心生活的，不仅仅是物质丰富、经济发展，还在于工作、生活、社交中所体现出的人与人、人与社会、人与自然的和谐关系。我们渴求蓝天碧水、清新的空气、"舌尖上的安全"、身体健康与快乐、社会的公平与正义、人们之间的温情与信任……

一言蔽之，人们建设城市的出发点和最终目标只有一个，那就是"幸福"。卢梭说："追求幸福乃是人类活动的唯一动力！"幸福是人类一切活动的出发点和落脚点，幸福文明才是人类发展的终极归宿。

既然这样，我们也可以说，幸福就是一个城市发展的灵魂。我们需要的就是让人幸福的城市，确保每一个人都能享受到城市的快乐和舒适。无论大城市，小城市，抓住幸福才是最好的城市。人们只有拥有幸福感，才会从心底认同这座城市的建设。

我们欣喜地看到，党和国家正在将民生、幸福作为核心执政目标，深化改革的根本目的，鲜明地定位为"让社会变得更加公平正义、让人民生活得更加美好"；对干部的考核，不再单纯以GDP增长率论英雄，开始转向民生改善、社会进步、生态效益等幸福指标；对未来的城镇化建设，更是提出富有人文关怀的目标，"让城市融入大自然，让居民望得见山，看得见水，记得住乡愁……"

1000多年前，宋人张择端以其深刻的社会洞察力和天才的艺术表现力，绘就了传世名作《清明上河图》，向世人完整展现了一座王朝古都的"幸福生活全景"。如果说，现代幸福城市的蓝图全景也是一幅"清明上河图"，我只是通过本书完成了一些"素描"。而精彩、恢弘的画卷，则需要每一座城市自己绘就。

让我们感到欣慰的是，神州大地上，已有一大批"先知先觉"的城市正在绘出自己的"清明上河图"。目前至少有100个城市将"幸福"作为施政目标："幸福江阴"，"幸福武汉"，"幸福长沙"，"幸福厦门"……千百个城市承载的幸福城市梦，犹如一个个灵动的音符，必将奏响一阕伟大的交响曲。这交响曲的名字，就叫"中国梦"！

上 篇
幸福城市"一二三四五"

中国是从农业社会的基础上发展起来的，所以中国有"往上推三代都是农民"的说法。改革开放以来，伴随着生产力魔法般的突飞猛进，我国的城市化进程显著加快，城市规模不断扩大，城市面貌也日新月异。一时间，城市的优越生活成为很多人的向往，也成为"幸福"的象征。近些年来，我们的城市高楼建得更高，发展得也更快，但却有越来越多的人抱怨自己并不那么幸福。这到底是为什么？

我们首都北京的发展也无法避免"大城市病"。其实，大城市病岂止存在于首都？在我国许多特大型城市、大型城市甚至中小城市，都不同程度地有所体现。

这些问题主要表现为"十面霾伏"、交通拥挤、人口膨胀、资源短缺、公平失衡等。正是这些问题的愈演愈烈，已经严重伤害到了市民的幸福感。治理城市病，是一个具有普遍意义的问题。那么，怎样才能破解这些难题，才能找回失落的幸福呢？一切都应当从改变观念开始，从厘清到底什么样的城市才是幸福城市开始。本篇将试着探讨关于幸福城市的一系列理论问题，期待能为我国城市建设提供借鉴，起到抛砖引玉之作用。

2009 年 10 月，考察休斯顿，与美国前总统老布什亲切会谈

2011 年 11 月，考察巴黎，与法国总统奥朗德亲切交流

2010 年 3 月，考察悉尼，与澳大利亚前总理霍克亲切交流

2008 年 7 月，考察雅加达，与印尼总统苏希洛亲切会谈

第一章　一个中心：以市民幸福为中心

　　德国著名文学家赫尔曼·黑塞在他的诗里写道："人生的义务，并无其他，仅有的义务，就是幸福。我们都是为幸福而来。"的确，幸福是每个人毕其一生追求的终极梦想。对于生活在城市里面的市民来说又何尝不是如此！那么如何才能让市民幸福起来？答案只有一个，那就是建设幸福城市。

第一节　幸福城市的本质

　　当前，许多城市都在争创幸福城市。然而对于什么是幸福城市，大家莫衷一是。我认为，幸福城市必定是以人为本的城市，其根本目标是让尽可能多的居民享受尽可能多的幸福。只有抓住这个主线，才能正确理解幸福城市的本质。

1. 以市民幸福为中心

　　哈佛大学政府学院的著名城市学家爱德华·格莱泽在他所著的《城市的胜利》一书中曾说道，"城市不等于建筑，城市等于居民"。的确，居民永远是城市的中心，城市发展建设的基本着眼点在于居民。一个好的城市，一定是一个居民十分满意的城市，一个让居民体会到幸福感的城市。

幸福城市才是最好的城市

在我看来，幸福城市就是能够满足居民不断增长的幸福感需要的城市，换言之，就是让居民过上美好生活的城市。幸福城市的本质和精髓就是以居民幸福为中心，所有工作都围绕此而展开。

幸福感是幸福城市追求的永恒目标，一切城市建设、发展的举措，都应是奠定城市幸福感的基础。与城市繁华的景象相比，人们更在乎与这座城市的相处方式，换句话说，幸福城市不是用来看的，城市高楼大厦的繁华不代表幸福，幸福是用来感受的。凡是对幸福感有损害的，就是幸福城市应该摒弃的。

很多城市建设者对幸福城市存在认识误区，这些误区导致他们犯了不少方向性错误，居民怨气较大，幸福感缺失。

幸福城市不是由城市规模决定的。哈佛大学政府学院城市学家爱德华·格莱泽的一项研究表明，美国大城市的居民并不一定幸福。高昂的生活成本、拥堵的交通、过快的生活节奏往往是幸福的"无情杀手"。我国的大城市类似问题也存在，"北上广深"对年轻人的吸引力正在减弱。然而我国仍然有很多城市建设者把"大"看成"美"，大举造城，想方设法挤入大城市的行列。这种单一以规模为导向的思路，只会和幸福城市南辕北辙。

幸福城市不是由 GDP 决定的。很多地方政府在城市的发展过程中，片面强调以"GDP 增长"为中心，认为只要抓到了"GDP"这只老鼠，就是好猫，认为这样城市就幸福了，人民就幸福了。不可否认，GDP 的增长之于幸福是重要且必要的，如果没有 GDP 的高速增长，我们不可能享有如今高品质的生活。但是，GDP 绝对不代表幸福，特别是唯 GDP 论，更不能带领市民安全驶向幸福的彼岸。实际上，片面追求物质财富的结果是城市的畸形发展，随之而来的环境污染、资源浪费、贫富分化等问题，带给城市居民的不是真正的幸福，更多的是痛苦。与单纯的 GDP 比起来，蓝天碧水、清新的空气、"舌尖上的安全"、社会的公平与正义、人与人之间的温情与信任等才是人们更加想要的，这些才是居民幸福感的不竭源泉。我们用绿色 GDP 取代传统的 GDP，所谓绿色 GDP 是指用以衡量各国扣除自然资产损失后新创造的真实国民财富的总量核算指标。换句话说，就是从现行统计的 GDP 中扣除由于环境污染、管理不善等因素造成的经济损失，从而得出更加真实的国民财富总量。

20 世纪 70 年代，不丹王国的国王提出了 GNH 的概念，即国民幸福总值（Gross National Happiness）。时至今日，这一概念也正变得越来越流行，究其原因，正是因为对 GNH 的重视和追求能够为人们创造更多的幸福感。城市的管理者们，不妨也多看一看、算一算自己城市的 GNH，多反思一下 GDP 中有多少成分是用于改善民生，增强市民幸福感的。

英国社会活动家霍华德在《明日的田园城市》中写道："一座城市就像一棵花、一株草或一个动物，它应该在成长的每一个阶段保持统一、和谐、完整。"城市的设计者和管理者，也应在牢牢抓住"市民幸福"这一中心的前提下，努力去实现城市的和谐发展。唯有如此，方能获得百姓的拥戴；唯有如此，方能赢得社会的长治久安；唯有如此，城市才能真正向着幸福城市进发。

2. 不断增长的幸福需要

幸福城市的定义中，还包含另一层重要的含义，那就是居民幸福需要的不断增长特性。

在之前出版的《幸福企业才是最好的企业》一书中，我对幸福企业的定义是"能够满足员工不断增长的幸福需要的企业"。员工的需要是不断增长的，其实市民的需要也是一样。也正是因此，我将幸福城市定义为"能够满足市民不断增长的幸福需要的城市"，我们建设幸福城市，就应该关注居民幸福需要的不断增长性。

市民的需要是多方面的，有纵向的，也有横向的。纵向包括物质、情感和精神层次。以物质需要为例，能拥有一所属于自己的房子是一种幸福，特别是在这个房价飙升的时代，更是堪称一种莫大的幸福。横向的，主要是指不同年龄段或不同社会阶层、群体的个性化幸福需要。

2010年，香港一研究机构曾针对不同年龄阶段人士进行了"最关注问题"调查，以1分表示"优先处理程度最低"，5分表示"优先处理程度最高"。调查结果如下表所示：

表1-1　2010年香港不同年龄段人士最关注问题调查表[①]

年龄阶段	最关注问题	得　分
30岁以下和65岁以上	贫富悬殊	4.01
30—49岁	经济和教育	3.88
50—64岁	医疗	3.88

通过表1-1可以发现，不同年龄段人士关注的问题很不相同，这背后显然就是需要的个性化差异。比如，三四十岁的中年人士对经济和教育问题最为关注，这与他们作为家庭的经济支柱，以及子女正值求学阶段是直接相关的。而五六十岁的老年人最关注医疗，与其年龄渐长，身体状况欠佳，对医疗的需要增长

---

① 中国网：《调查显示"80后"最希望解决贫富差距问题》，http://www.china.com.cn/economic/txt/2010-10/12/content_21107146.htm。

有关。

尽管香港的发展和内地城市不尽相同，但是，不管是生活在哪里的人们，这种需求的层次性是相似的。从这个意义上来说，香港的案例对内地仍具有一定的借鉴意义。

无疑，年龄段和需求有直接关系。人在一生中会经历不同的阶段，大体可分为幼年、少年、青年、中年、老年，在每个阶段都会面临不同的人生任务，这也就决定了阶段性的需求差异。幸福城市的建设，也理应拿出一份细心、耐心，去关注每一个年龄段群体的个性化需求。

抛开年龄段的因素，随着时代的发展，市民的幸福需求也在呈现出新的特点。美国的一家独立性民调机构——皮尤研究中心，是一家无倾向性的机构，曾于 2008 年至 2012 年针对中国人最担忧的问题进行了调查，调查结果如下：

表 1-2 2008—2012 年间中国人最担忧问题变化趋势①

调查的问题	2008 年	2012 年
通货膨胀	72%	60%
官员腐败	39%	50%
贫富差距	41%	48%
食品安全	12%	41%

这一调查结果显示，人们对通货膨胀的关注虽然有所降低，但对这一问题依然最为关注。对食品安全的担忧，则上升最快，凸显了人们在这方面需要的急剧上升，这与众多食品问题的曝光

① 腾讯网：《调查显示中国人越来越担心腐败和贫富差距问题》，http://news.qq.com/a/20121018/000818.htm。

可能有很大相关。英国诺丁汉大学曾锐生教授说，人们关注的问题之所以发生变化，主要是因为随着人均收入的上涨，人们变得更加关注生活质量。

由此可见，市民的需要永远都处在变化之中，这也决定了幸福城市的建设不可能一劳永逸，而是一个将跟随时代的脚步不断修正的动态过程。在城市化发展初期，经济还很不发达，市民的需求主要体现在物质方面，急需提高物质生活水平。在这个阶段，城市大力发展经济，努力为市民创造更高的物质生活条件就是在建设幸福城市。如今，城市，特别是一些大中城市，已经实现经济的高速发展，市民过上了吃喝不愁的好日子，但新的需求也在不断涌现。例如，安全的食品、丰富的精神生活、宜居的环境，等等，这就要求城市高度关注市民的新需求，及时迅速地对市民的幸福需求做出回应。到任何时候，幸福城市都应该是以人为本的，市民有任何正当合理的需求，城市都应想方设法去满足。

幸福需求在走上坡路的过程中，还会出现一些特别个性化的需求。

2011年11月11日，因为含有三个"11"被很多年轻人戏称为"世纪光棍节"，很多情侣选择在这一天"脱单"以示纪念。按照深圳市的规定，网上预约婚姻登记可提前一个月，但在11月11日婚姻登记网上预约的第一天就爆满，很多网友没有预约成功。恰逢11月11日是周五，深圳市婚姻登记处只有上午办公，下午为档案整理时间，很多网友"Hold"不住了。了解到市民的这一个性需求后，深圳市民政局坚持以市民需求为导向，打造服务型政府，表示将全天"待客"，即使加班加点也要满足市民的愿望，即使没有网络预约成功也可现场取号办理。深圳市民政局的这一灵活做法，无疑是实践以市民幸福为中心的城市发展观的很好的范例。

幸福城市的中心就是为市民谋幸福，因此，市民的需求就像一个指挥棒，需求指向哪里，幸福城市的建设就应该跟随到哪里。可以说，需求一直在变，但幸福城市努力满足这些需求的根本出发点不会变，也不应该变，幸福城市创建永远在路上。

第二节　谁伤害了城市的幸福？

城市的建设发展有着自身的规律，当我们对规律了解甚少或者违背了规律的时候，城市的幸福就会化成泡影，食品安全、环境污染、高房价等城市问题接踵而至。路虽迩，不行不至；事虽易，不为不成。正视问题是解决问题的第一步，让我们去看看那些幸福城市的"杀手"吧。

1. 环境污染无奈多

"身体健康是多么幸福啊！"相信每个有过生病经历的人都有这样的体会，特别是在忍受病痛折磨的当时。真的是这样，哪怕只是个头疼脑热，也会让人很难受，也能把幸福赶走。

毫无疑问，要幸福，先要守住健康。不过，如今我们的城市生活正在丧失起码的安全底线，我们赖以生存的环境（水、空气等）正在遭受着可怕的污染，我们的身体健康也正在受到越来越多的威胁。甚至有专家预测，未来 10 年我国将出现癌症"井喷"，33％ 的家庭将会因为健康问题耗尽积蓄。这是一个多么可怕的未来，到那时，幸福何处寻？

造成环境污染的罪魁祸首，就是城市垃圾。城市垃圾是困扰我国城市发展的重大问题之一。有数据显示，全球垃圾的年均增长速度为 8.42%，而我国的垃圾增速已经超过 10%，是世界上"垃圾围城"最为严重的国家之一。

拿北京来说，早在 2009 年，垃圾日产量就达到了 1.84 万吨，如果用车长 7 米、载重 2.5 吨的卡车来装载，车辆长度能围绕整个三环路一圈。而且，从 2009 年至今，北京的日产垃圾数量仍然在以 8% 的速度递增，到 2015 年，预计年产垃圾总量将达到 1200 万吨。同样是在 2009 年，广州的日产垃圾也达到上万吨，广州已有的垃圾填埋场都处于超负荷运载状态，预计用不了几年，垃圾就将无处可埋。

城市垃圾问题并不只是出现在北京、广州等大城市，而是一个遍及全国城市的普遍性问题。有媒体报道称，我国除县城外，已有三分之二的大中城市深陷垃圾围城的困局中。

垃圾围城不仅碍眼，更是严重污染着与我们的生命息息相关的水、空气和土壤，从而危害着我们的身体健康。垃圾得不到及时处理和彻底处理，还意味着巨大的资源浪费。常言说，世界上没有无用的垃圾，有的是放错了地方的资源。在全球资源日益紧张的今天，资源的再利用已经成为社会可持续发展的必须。据统计，在德国等发达国家，垃圾的再利用率达到了 70% 以上。设想如果我国的垃圾能够有 70% 得到再利用，那将是多么巨大的一笔财富啊！毫不夸张地说，城市垃圾问题已经成为阻碍城市健康和谐发展的一大棘手问题。

同样应该反思的还有水污染问题。地球上的饮用水资源现状原本就不容乐观，特别是我国，是全球 13 个人均水资源最贫乏的国家之一。加上水资源分布不均，在 20 世纪末，我国的 600 多个城市中有 400 多个城市存在供水不足问题，其中严重缺水的城市多达 110 个。在这一背景下，严重的水污染问题更加剧了形势的恶化。据统计，我国有三分之一的工业废水和 90% 以上的生活污水，在未经任何处理的情况下直接排入水域，对我国有限的水资源造成了严重污染。在全国有监测的 1200 多条河流中，850 多条受到污染，许多河段甚至出现了鱼虾绝迹的情况。

水堪称城市的血液，而日益加剧的水污染，已经对人类的健康乃至生命安全构成重大威胁。有数据显示，在发展中国家，有 80% 的疾病是由于饮用了被污染的水而传播的，每年更是有 2000 万人因水污染丧命，因此，水污染也被称为"世界头号杀手"。

空气污染更令人担忧。水污染了，我们可以买纯净水，但是，没有人可以不呼吸空气。正如中国工程院钟南山先生所言，大气污染比"非典"要可怕，因为"非典"可以隔离，但大气污染谁也逃不掉。所以说，雾霾天气的侵袭，正在威胁着我们每一个人的身体健康。

近年来，我国正有越来越多的城市遭遇"霾伏"。2013 年 12 月新华网的最新数据显示，我国 20 个省份、104 个城市都深中"霾毒"。可以说，PM2.5 已经在全国范围内成为损害城市居民身体健康的"杀手"之一。这并不是耸人听闻，根据北京市健康保健协会介绍，一项覆盖全国 60 多个城市，总共涉及 68 万人的体检调查结果显示，对比 3 年前，北京、上海、广州等地居民的呼吸系统和心血管系统体检异常率明显上升，43% 的居民表示曾出现过呼吸困难、心悸、眩晕等异常状况。北京市健康保健协会认为，这主要是空气中的 PM2.5 污染导致的。

空气质量的恶化甚至可能引发肺癌。来自我国卫生部门的统计数据显示，近 40 年来，我国的吸烟人数并无明显变化，甚至呈现出缓慢下降趋势，但相反，我国的肺癌发病率却呈现明显上升趋势。上海市胸科医院副院长韩宝惠教授认为，肺癌的发生的确和吸烟有关，但吸烟并非唯一的决定因素，如今大气环境的恶化正在增加所有人罹患肺癌的几率，再叠加上吸烟的因素，罹患肺癌的几率就会更大。

在 2013 年 2 月 22 日的亚布力论坛上，提到当前的环境污染问题，马云说他相信 10 年后三大癌症将困扰着中国的每一个家庭，那就是肝癌、肺癌和胃癌。肝癌是因为水污染，胃癌是因为食品问题，肺癌则是因为空气污染。我们相信这并非危言耸听，要知道，癌症在 30 年前还是一个稀有名词，而如今使用频率越来越高，只要我们看看周围的人群，就能直观感受到这一点。

可以说，我国的环境污染已经到了相当严重的程度，到了必须立刻采取严厉措施的时候了。而治理环境是一个系统工程，城市的管理者必须提起足够的重视。按照党和国家方针政策，就是要牢固树立生态红线的概念。所谓生态红线，就是国家生态安全的底线和生命线，这条生态红线是绝对不容突破的，否则将严重威胁到人民的生产生活和国家的可持续发展。

2. 公平失衡怨气多

涨工资，一定让你感觉到幸福吧？但如果和你同级别的同事比你涨得更多呢？相信在得知这一消息的瞬间，你的幸福感一定会大打折扣，甚至消失得无影无踪，而被"凭什么？"的怨气所取代。原因很简单，公平是幸福的主要前提之一，收入的不公平是市民幸福感缺失的重要原因。

幸福城市的建设也离不开公平，但遗憾的是，如今的城市正在被各种不公平的现象充斥着，比如就业机会的不公平、财富分配的不公平，以及教育资源和医疗资源的不公平，等等，而这些不公平正在侵蚀着人们的幸福。

"拼爹"是时下的一个热词，也是社会不公平的一个代言词。所谓"拼爹"，通常指的是年轻人在找工作、买房子、选学校、晋职称等方面，不是靠自己的素质和能力，而是靠父辈的权势、关系或其它因素获得自己想要的利益或职位。北京大学社会学系副教授卢林晖认为，大部分年轻人找工作并不难，关键是找到什么样的工作，那些薪水高、福利好、稳定且有前途的工作，几乎都要靠"关系"才能得到。

事实的确如此，"拼爹"的背后是就业机会、发展机会等的严重不公平。有媒体盘点了近年来的官二代火速提拔事件，发现这些被火速提拔的年轻官员中，有六成出生在官员家庭。中国社科院的一项研究也显示，官员的子女当官的机会是非官员子女的 2.1 倍。甚至有些地方，已经把"潜规则"升级为"明规则"，比如 2010 年 6 月，南方某县在考录一些事业单位工作人员时，设置的一个硬性条件就是限招正科级人员家属，这等于是从"后门"走到了"前门"，撕下了看似公平的遮羞布。

从前是"学好数理化，走遍天下都不怕"，只要自己肯努力，只要自己有能力，就不愁没有施展拳脚的空间，但现在流行的却是"学好数理化，不如有个好爸爸"。从 2009 年开始，"逃离北上广"一度成为一股潮流，然而，"回乡安放青春"的浪潮还未退去，"重回北上广"又掀起一股新的潮流。因为那些回到家乡的年轻人发现，小城市发展更要"拼爹"，小城市并不是公平的港湾。

财富分配的不公平，是伤害市民幸福的又一把利剑。我国的收入分配特别是初次分配中，存在很多的不合理和不公平现象。应该说，适当的收入差距可以促进经济发展，这也是我们打破平均主义分配方式的初衷。但当收入差距扩大到一定程度的时候，负面作用就会逐渐显露出来，严重的甚至会在社会上引起骚乱，就会从单纯的经济问题演变为社会问题乃至政治问题，直接影响到市民的幸福生活。

早在 1974 年，美国著名学者伊斯特林曾经提出过一个"伊斯特林悖论"，又叫"幸福—收入之谜""幸福悖论"。他认为，在收入达到某一个点之前，幸福感随着收入的提高而提高，而一旦收入超过了某个点，并不存在相应的正向相关关系。多恩、克拉克等多名经济学家也都通过实证研究得出结论，相对收入对幸福感的影响要远远大于绝对收入。这说明，一个幸福指数高的社会，应当尽可能减少低收入人群，同时限制高收入人群，提高中等收入人群。在这方面，我们还有很远的路要走。

国家统计局 2015 年 1 月 20 日发布报告称，中国 2014 年度 GDP 增长 7.4%，基尼系数 0.469，收入差距较 2013 年继续缩小。但调节居民收入差距过大的任务依然任重而道远，我国从 2003 年到 2014 年的基尼系数，均在 0.4 的国际警戒线之上。这背后是我国地域之间、行业之间、人群之间、不同所有制企业员工之间收入的巨大差距。例如，2011 年 2 月，人民日报发表文章指出，从大的行业划分上看，平均工资最高的金融业是平均工资最低的农林畜牧业的 4.7 倍，而要从更细的行业划分上看，这个差距实际已经达到了 15 倍。这样巨大的差距，在国际社会上是很罕见的。

如果说收入的不公平只是对当下而言，那么教育的不公平则将把收入的不公平延续到下一代。作为社会公平的起点，教育公平对于提高社会公平程度、促进经济发展、社会和谐、消除知识鸿沟，以更好地迎接知识经济的挑战、实现民族振兴都具有重要意义。而教育的不公平则像一块"拦路石"，横亘在很多人追求幸福的道路上。

教育不公平主要体现在教育资源分配的不合理，包括不同城市之间、同一城市的市中心和郊区之间、重点学校和普通学校之间。比如一个人在重点学校，一个人在普通学校，他们能享受到的教学环境、设施和师资水平就会完全不同。从小学，甚至幼儿园开始，一个阶段赶不上，以后差距就会越来越大。进而，人和人之间的命运就会越来越不同。

教育机会的不平等也不容忽视，比如外来务工人员子女，以及其他更多随父母居住在城市但却没有城市户口的孩子，还不能和拥有城市户口的孩子享有完全相同的受教育权利，比如没有北京户口就不能在京参加高考。很多高校，特别是国家的重点高校，在不同地区设置不同的录取分数线，实际上也制造了受教育机会的不平等。

在欧美一些国家，教育不公现象受到相当的重视，已经被定义为国家危机。教育改变命运，今天教育的差距，就意味着明天更大的发展差距、社会差距，教育不公平意味着命运的不平等。对此，从中央到基层、从中国到外国，早已经是共识。1998年底，国家教育部发文要求"加强薄弱学校建设"，强调大中城市要办好区内的每一所学校，缩小学校间差距过大的现象。党的十七大报告进一步指出，要把促进教育公平作为国家基本教育政策，着力构建促进教育公平的法律制度和保障体系，让所有学生都能上得起学、上好学。对照现实，我们任重而道远。

另外，医疗健康保障的不公平也直接降低了市民的幸福感。这种不公平不仅体现在医疗资源地域配置的不合理上，更体现在对不同层次居民的资源分配不合理上，过度检查、过度医疗、过度护理造成医疗资源的浪费与紧张，也是导致看病难、看病贵的重要原因。日益紧张的医患关系，更是让患者无奈，让医者紧张，大大损害了医患双方的幸福感。

3. 安全威胁忧患多

没有安全感就没有幸福。设想一个深夜缩在野外草丛中依然对警察的追捕提心吊胆的逃犯，能有幸福感吗？从心理学的角度来看，安全感是一个人幸福的前提。但如今生活在现代城市中的我们，正在面临着越来越多的安全问题，既有传统的安全问题，也有非传统安全问题。

比如食品安全。近 10 年来，地沟油已经成为一个令人发指的问题，甚至已经成为公开的"秘密"。地沟油又叫"泔水油"，是将城市下水道中的油腻漂浮物，或者是各大酒楼、饭店的剩菜进行简单的加工，最终提炼出来的一种油。毫无疑问，这种地沟油是一种卫生、质量都极差的非食用油，比正规食用油多了许多致病物质。有研究结果显示，"泔水油"中的主要有害物质——黄曲霉素，其毒性堪比砒霜。长期频繁食用地沟油，会破坏人体内的白血球和消化道黏膜，轻则引起消化不良，出现头晕、头痛、乏力等症状，重则导致食物中毒，出现剧烈腹痛和贫血等症状，大量食用还会引发胃癌、肠癌等重大疾病，致人殒命。

随着地沟油问题被曝出，国家相关部门也加大了查处力度。不过，从事地沟油加工、销售等的黑心商贩并没有就此"放下屠刀"。

地沟油够可怕的了，但这仅仅是食品安全问题的冰山一角。现实中，食品安全问题接二连三地曝出，不用搜索网页，人人都能随口说出一大串，比如毒大米、染色馒头、三聚氰胺、苏丹红、瘦肉精、毒豆芽，等等。随着食品安全问题的恶化，人们要问的不再是"什么东西有问题"而是"什么东西没问题"。

交通事故是世界公认的巨大危害，我国更是世界上交通事故死亡人数最多的国家之一，成为城市居民安全感缺失的又一个重要方面。在"2013年中国道路交通安全论坛"上，中国公安部交通管理科学研究所所长王长君称，我国的交通事故有三大特点，其一，每年发生的道路交通事故总量巨大，每年全国各地交警接报事故的总量大概在470万左右。其二，我国交通事故的死亡率很高，交通事故的死亡人数占交通事故伤亡人数的比例大概是21%，日本仅仅是0.54%。其三，恶性事故多发，以2012年为例，全国发生一次死亡十人以上的特大事故有25起①。

在我国，每年因为酒驾引发的交通事故高达数万起，而在造成人员死亡的交通事故中，超过50%与酒后驾驶有关。酒后驾车的危害令人发指，酒驾已经成为公认的交通事故的"第一杀手"，对市民的人身安全构成了重大威胁。此外，超速行驶、疲劳驾驶等，也都是可怕的"马路杀手"，由此酿成的人间悲剧更是数不胜数。

2009年6月30日晚上，一个叫张明宝的个体施工队负责人，在酒后驾车行驶至南京市江宁区的一个岔路口时，先后撞倒9名路人，并且撞坏了停靠在路边的6辆轿车，酿成了5人死亡、4人受伤的特大交通事故。更令人痛心的是，这起重大交通事故中的受害者还包括一名孕妇和其腹中7个月大的胎儿。酒醒后，意识到自己闯下滔天大祸的张明宝，浑身上下在不停地颤抖，仅仅是几分钟，他不仅剥夺了多名路人的生命，同时毁掉了他们的家

---

① 《中国每年因交通安全事故伤亡人数超20万》，《汽车使用技术》2013年第8期。

庭幸福，也葬送了自己和亲人的幸福。经审理，张明宝被判处无期徒刑。

都说平安是福，早在 1994 年，一首《祝你平安》就红遍了大江南北。不管任何时候，我们出门时，家人都不忘叮嘱一句"路上小心"，因为只有平平安安地回来，才能继续我们人生和家庭的幸福，一个人的平安与否不仅关乎自身，更是决定着一个家庭能否幸福。不能不说，人生的道路上，要想一路幸福，首先要保证一路平安。

城市暴力恐怖事件的发生，更是让人胆战心惊。发生在 2013 年 7 月 23 日的北京"摔童案"，相信大家都还记忆犹新。在大兴区旧宫附近的一个公交车站旁，一名年轻母亲推着孩子经过时与一辆轿车内的两名男子发生冲突，车内男子下车后先是殴打了年轻母亲，随后的举动吓坏了所有人——该男子将婴儿车里的孩子举过头顶，重重地摔在地上。尽管得到了及时的抢救，年仅 2 岁的女童还是永远地离开了父母，离开了这个美丽着也残酷着的世界。可以说，城市中频发的暴力恐怖事件也在侵袭着人们的安全感。

食品安全关乎身体健康，交通隐患、暴力事件等关乎人身安全，到任何时候，只有先保障了安全，幸福才可以悠然远行。平安是老百姓解决温饱后的第一需求，是极其重要的民生，也是最基本的发展环境。

安全，是人们对于一座城市最原始、最基本的期许，也是幸福最基本的前提，可以说没有安全感就没有幸福感。最近关注到发生在印度多个城市的强奸案，据有关统计，印度每 22 分钟就发生一起强奸案，从 1971 年到 2012 年，印度国内强奸案的数量增长了 8.7 倍，印度首都新德里更是被称为"强奸之都"。还有被称为"上帝之城"的巴西里约热内卢，据称贫民窟的孩子们几乎人手一支枪，很多进入的货车都难逃被劫的命运，这里已成了暴力、毒品的天堂，连警察都不愿意轻易涉足。在一个人身安全得不到最基本保障的国度或城市，人民每天都生活在担惊受怕之中，人民有幸福可言吗？

毋庸置疑，建设幸福城市的一个重要前提，是建设安全城市。

第三节　幸福城市建设浪潮来袭

亚里士多德曾说过，"人们来到城市是为了生活，人们居住在城市是为了生活得更美好"。的确，纵览历史的画卷，城市带给人们的美好是多方面的：生活方式更加便捷，生活品质更加优良，精神更加充实，人生更加精彩，等等。进入新世纪以来，中国逐渐走向世界舞台的中心，新兴城镇化、"中国梦"成为当下中国的发展引擎和宏伟构想，幸福城市建设正面临着前所未有的良好机遇。

1. 城市，让生活更美好

当前，全球有超过一半的人口生活在城市，而且这个比例还在不断上升。为什么有越来越多的人涌向城市？答案可以用上海世博会提出的口号来总结——"城市让生活更美好"。

城市是一国经济繁荣的引擎。许多城市发展经验也都表明，城市，特别是规模较大的城市，能带来明显的"聚集效应"，创造出更多的经济效益。相反，城市化发展滞后，人口的"聚集效应"不够，则会在一定程度上阻碍经济的发展。

12 世纪晚期，一些冒险者乘着由挖空的原木做成的船从阿姆斯特尔河顺流而下，并在河周边的沼泽湿地之外修建了堤坝，部分人开始在这里定居，并形成了一个小渔村，这就是荷兰首都阿姆斯特丹的起源。

在很长的一段时间里，阿姆斯特丹依然是一个安静、普通的小渔村，直到 14 世纪初（约 1306 年）阿姆斯特丹被正式授予城市资格。从 14 世纪起，阿姆斯特丹开始蓬勃发展，由于其优越的地理位置，它很快成为欧洲乃至世界最著名的港口。

现在，阿姆斯特丹是荷兰的金融商贸之都及最大的城市，同时也是世界上最好的国际贸易都市之一。许多荷兰的大型企业和银行都把他们的总部设于阿姆斯特丹，其中包括荷兰银行、ING集团和喜力公司等；另外，毕马威和飞利浦等知名跨国企业也将总部设于该市附近。可见，城市的建立对阿姆斯特丹及其周边地区的经济繁荣起到了巨大的促进作用。

城市是品质生活的保障。何谓品质生活？这其实是一个多维的概念，不仅强调较高的物质生活水平，还强调文化品位、生态宜居以及更加智能的生活方式等。按照马克思的观点，未来的社会应当使得每个人都得到自由而全面的发展，人们不仅摆脱物质匮乏的痛苦，而且摆脱精神生活的贫乏和落后观念的束缚，获得身心的健康愉悦和潜能的激发。我认为这个观点是具有生命力的，经得起历史和实践的考验，正在被社会发展取得的进步一步步证实。有品质的生活，就应当是人的全面自由发展的生活。市民的幸福生活离不开品质生活，而品质生活则得益于城市的诞生和发展。

城市是人类精神和文化生活的中心。城市在推动经济繁荣的同时，实际也推动了文化的大发展，丰富多彩的文化生活，让城市居民畅享"精神美食"。人头攒动的影院，让人们在休闲娱乐的同时享受到绝美的视听享受，随处可见的休闲、养生场所，比如公园、疗养院、健身房等，也让城市市民的生活品质得到大大提升。

当然，城市给我们带来的好处远远不止这些。有些学者看到一些"城市病"就全盘否定城市发展，否定城镇化发展趋势，我本人对此予以坚决反对。

2. 城镇化浪潮下的幸福城市建设

2014 年 4 月，《国家新型城镇化规划（2014—2020 年）》正式发布。规划提出，未来我国将推进以人为核心的城镇化，到 2020 年，常住人口城镇化率达到 60％ 左右、城镇化格局更加优化、城市发展模式科学合理等具体目标。规划一出台，便激发了地方各城市积极推进新型城镇化的热潮。

城镇化的建设对全面建成小康社会、加快推进社会主义现代化具有重大现实意义和深远历史意义，但如果建设不当，也会给我们实现宏伟目标带来巨大的损失。不少地方的城镇化已经暴露出一些问题，例如能源资源消耗增长过快、交通拥堵、城市规划和产业布局不合理、配套设施不完善等，城镇化绝不只是土地的城镇化、房子的城镇化，甚至仅仅是劳动力的城镇化。在这种大背景下，幸福城市建设理念正当其时，它是新型城镇健康成长的最佳选择和必由之路。

幸福城市建设有利于促使城镇化实现节约环保。随着工业化、城镇化的加速推进，很多城市发展空间日益受限，土地、能源、环境、劳动力等瓶颈制约日趋严重，经济发展和资源环境的矛盾日益尖锐。幸福城市抛弃了传统的唯 GDP 力量、唯经济指标力量，转向对幸福感的追求，号召节约资源和低碳生活，这样的幸福城市是环保型城市，是节约型城市，是低能耗城市。

幸福城市建设有利于协助城镇化完成产业转型升级。现在我国城市产业结构大多均比较单一，属于劳动密集型，在国内外经济结构转型调整的大背景下，我国众多城市原来的增长模式面临极大的挑战。幸福城市的建设者，总以满足居民幸福需要为出发点寻找产业转型方向，并结合城市本身的特色，打造出符合居民需求的产业结构体系，增强城市核心竞争力。可见，幸福城市建设有利于促进城市的产业转型升级，建立科学合理的经济结构，促使经济科学发展。

幸福城市建设有利于实现城镇化和谐社会的目标。加快建设幸福城市，促进解决直接影响人们幸福水平的居住、出行、教育、医疗、环境等一系列问题，有利于促进和谐社会构建。和谐是幸福的因素，构建和谐社会是建设幸福城市的前提和基础，二者一脉相承。

幸福城市建设有利于加快城乡一体化步伐。城市中心和城郊的巨大差距，往往是城市管理者的心病。缩小城乡差距，提升全民幸福指数是幸福城市建设的重要任务。为此，幸福城市建设对城市、新农村进行一体化统筹规划和建设，推动城乡产业布局、基础设施、市场体系、生态环境一体化快速发展有着促进作用。

四川内江市城镇化建设把"让城市更美丽、市民更幸福"作为目标，在环境治理、棚户区改造、就业、就医、子女入学、养老保险等问题上下大力气，推进农业转移人口市民化。随着一系列政策"福利"的出台，更多外来务工者没有后顾之忧，安心进城。在新型城镇化的浪潮中，内江这座城市变得更加美丽，生活在这里的市民也更加幸福。我希望越来越多的城市，能把幸福城市建设理念融入新型城镇化的进程，让幸福城市之花开遍神州大地。

3. 幸福城市梦是"中国梦"的体现之一

2012 年 11 月 29 日，"中国梦"的概念正式提出，这是中国共产党召开第十八次全国人民代表大会以来，习近平总书记所提出的重要指导思想和重要执政理念。对于"中国梦"，习近平总书记指出，实现中华民族伟大复兴，就是中华民族近代以来最伟大梦想。中国梦的本质是国家富强、民族振兴、人民幸福。

这个梦想，把人民的期盼、民族的向往和国家的追求融为一体，体现了中华民族和中国人民的整体利益，也表达了所有中华儿女的共同愿景。正因如此，中国梦一经提出，迅速成为全国上下津津乐道的热词。这一简单却寓意深刻的词汇，既承载着国家对未来发展的十足信心，也饱含了中华儿女对幸福生活的美好期待。

我认为，城市居民的"中国梦"落到实处就是幸福城市梦，"中国梦"就是一座座城市"破茧成蝶"、实现转型发展之梦。

"中国梦"的根本目的是为人民谋幸福，幸福城市的目的则是为全体市民谋幸福。中国梦归根到底是人民的梦，必须紧紧依靠人民来实现，必须不断为人民造福。中国梦不是鸿篇大论，而是应该落实到每一个中国百姓的身上，对于城市来说，就是落实到每一个市民身上。为实现"中国梦"，政府管理部门应当关注每一个市民在生活、教育、工作、医疗、养老等各个方面的幸福感受，尽一切可能去帮助他们实现自己的幸福城市梦。

"中国梦"的实现需要全国人民共同努力，幸福城市梦的实现也靠全体市民的共同努力。"中国梦"是国家的梦、民族的梦，也是每一个中国人的梦。可以说，"宏大叙事"的国家梦，也是"具体而微"的个人梦。只有我们每个人都朝着梦想不断努力，

幸福城市才是最好的城市

才能汇聚成实现中国梦的强大力量。幸福城市梦也是如此，只有全体市民共同努力、一起维护，才能奏出和谐的幸福乐章。建设幸福城市实际上就是开启"中国梦"的抓手，我真诚希望在"中国梦"的宏伟蓝图牵引下，越来越多的城市参与到幸福城市的建设大潮。幸福，应成为每一座城市深情眺望和努力奔跑的方向。

2013 年 9 月，考察金边，与柬埔寨国王西哈莫尼亲切会谈

2011 年 6 月，考察内罗毕，与肯尼亚总统齐贝吉亲切会谈

2011 年 1 月，考察利隆圭，与马拉维总统穆塔里卡亲切会谈

2011 年 6 月，考察布琼布拉，应邀与布隆迪总统恩库伦齐扎参加义务建校劳动

第二章　两个法则：既要爱情法则，更要亲情法则

幸福城市体现的是所有市民的幸福，幸福城市需要解决市民生存与发展两大问题。生存，体现的是一种互助与共生，而发展体现的是一种竞争与活力。从这个角度上来说，用亲情和爱情来比喻这两大问题非常贴切，这也正是幸福城市建设应该遵循的两个行为法则。

爱情法则，其实是一种竞争法则，可以让我们的城市建设与发展更加充满活力，动力十足；亲情法则，体现的是一种共生法则，可以让我们的城市建设与发展惠及众生，更加稳定。幸福城市的建设，既要爱情法则，也要亲情法则，唯有同时满足竞争与共生这两个特性，才可以建设成为真正的幸福城市。

第一节　爱情法则：爱其强，弃其弱

北魏诗人元好问有诗曰："问世间情为何物，直教人生死相许。"匈牙利诗人裴多菲也留下经典名句："生命诚可贵，爱情价更高。"在很多人看来，爱情比生命还要重要。爱情，可谓人类心灵中最具有驱动力、最富有诗意的内容。

爱情十分美好，但爱情不会轻易产生，也不能轻易获得。男

孩希望找到的女孩美丽、聪明、贤惠，女孩希望找到的男孩英俊、大气、强壮。总之，每个人都愿意选择优秀、强大的人为自己的爱情对象，而摒弃拙劣、弱小的对象。其实，这也适用于幸福城市的建设法则，其主旨是：爱其强，弃其弱。

1. 让强者得到鲜花和掌声

优秀的城市发展离不开人才，他们为城市的发展注入了活力，也带来了更多想象空间。孙中山先生有言，治国经邦，人才为急。一座城市要发展，要幸福，首要因素不是物理基础设施，而是人力资本，因为优秀的人才是城市不断前进发展的根本动力。很多城市都意识到，谁拥有了人才，谁就能赢得未来，人才就是核心竞争力，所以他们对人才也特别钟爱。

有"日不落帝国"之称的英国，之所以能够成为人类历史上第一次工业革命的发源地，进而能够成为世界上最强大的国家之一，与英国拥有瓦特等一批杰出人才有着密切的关系。

在17世纪，日本的德川幕府对人才极为重视，并把东京发展成了当时全球最大的城市之一，在随后的300年里，这座城市也继续吸引着日本最优秀、最聪明的人才。

时至今日，城市之间对于优秀人才的争夺战更为激烈。比如，上海为了吸引人才，早在2003年就成立了"万名海外人才集聚工程办公室"，并在世界各地建立了9个联络处，作为从海外引进人才的窗口。通过这种方式，上海市在2003年到2007年期间共引进人才2万多名，为上海市的发展提供了强劲的动力。在2008年和2009年，为了加快建设国际金融中心，上海还先后两次组织专门的招聘团赴美国纽约、芝加哥以及英国伦敦等著名的国际金融城市招聘人才。

吸引人才无疑很重要，但更重要的是用好人才。怎样才能用好人才？最有效的办法就是激励人才。美国哈佛大学教授威廉·詹姆士指出，在缺乏科学有效激励的情况下，人的潜能只能发挥20%—30%，而若实行科学有效的激励，人就能够把另外70%—80%的潜能释放出来。

拿什么去激励人才？我认为薪酬、荣誉、发展空间等，都是很有效的方式，可以形象地称之为"鲜花和掌声"。这些"鲜花和掌声"既是对人才过往成绩的肯定，更是对人才未来工作的激励。

2013年3月19日，有"天堂之城"之称的杭州，颁发了杭州市第三届杰出人才奖，著名作家麦家、浙江大学盘石信息技术有限公司董事长田宁等20位杰出人才，分别获得20万元人民币奖励。杭州市"杰出人才奖"是杭州市人才奖励的最高荣誉，从2006年开始启动，第一届有19人获得，第二届有20人获得。值得关注的是，杭州市在评选市杰出人才时，不唯学历和资历，而是看重能力和业绩，主要涉及专业技术人才、经营管理人才、高技能人才、农村实用人才等。从评选的结果看，既有像马云、鲁冠球这样的著名企业家，也有在一线默默无闻的技师、医师等。

实际上，给人才应得的"鲜花和掌声"，不仅是对这些人才的激励和肯定，还有另外一层效应。试想，当其他城市的人才看到你这里如此重视人才，怎能不生羡慕之心？进而就可以吸引越来越多人才的到来。也正是基于这一逻辑，很多城市都确立了"人才强市"的发展战略。

例如，青岛市为了贯彻人才强市战略，于2011年出台了《杰出人才奖励办法》，对于获奖的个人和集体，将根据不同奖项给予10万至30万元不等的奖励。根据该奖励办法，青岛市将每两年实施一次人才评选，包括"杰出人才功勋奖"、"杰出人才奖"和"杰出团队奖"。颇具创意的是，青岛市除了实行常规意义上的人才奖励，还重点奖励能够帮助青岛引进人才的"红娘"，这就是青岛的"引才'红娘'奖励政策"。按照青岛市的相关规定，海内外中介机构、个人每为青岛市引进一名高层次人才，就可申请1—5万元奖励。"红娘"也是人才，只要是能为城市发展作贡献的都是人才，都应该得到城市的肯定和奖励。

实际上，爱其强，除了让强者得到鲜花和掌声之外，还有很重要却容易被忽视的一点，那就是创造公平的竞争环境，通过市场化的竞争让强者去实现自我价值。在2014年7月14日李克强总理主持召开的经济形势座谈会上，珠海格力集团有限公司董事长董明珠语出惊人："总理，我们不需要国家的产业政策扶持，只要有公平竞争的环境，企业自己就可以做好！"李克强总理连连点头，称赞董明珠的建议"很有启发"。

其实，我并不赞成给人才"超国民待遇"，而是要为人才营造公平的竞争环境，给他们充分展示才华的舞台，能不能成为强者，能不能"独上枝头"，要靠市场的检验。我们给人才的不一定是偏爱或溺爱，而应该是公平公正的爱，给出他们一个经济自由化与法治化的环境，他们自己就会绽放。

2. 幸福城市也需要"鲶鱼效应"

每个城市都有大量的弱者，和得到"鲜花和掌声"的优秀人才相比，在大多数情况下，他们得到的只是冷落，甚至排挤。比如城市的大量普通上班族、外来务工人员等，很多外来务工人员因为学历低、缺乏技能培训，他们很难找到满意的工作，常常只能做一些临时工贴补家用；因为没有城市户口，他们也不能享受到应有的社会福利保障，等等。长此以往，城市中很容易出现两极分化，强者愈强，弱者愈弱，也即常说的"马太效应"。

圣经《新约·马太福音》中说："凡有的，还要加给他叫他多余；没有的，连他所有的也要夺过来。"讲的就是"马太效应"。1968 年，美国科学史研究者罗伯特·莫顿对马太效应做了这样更具体的归纳和解释，他说，任何个人、群体或地区，一旦在某一方面（金钱、名誉、地位等）获得进步或成功，就会产生一种积累优势，就会有更多的机会取得更大的进步和成功。

如今，马太效应已经表现在城市的各个领域，正在成为各种城市隐患的放大器。其最直接最主要的一个结果，就是贫富差距的持续加大。在当下这个社会，用资本赚钱越来越容易，并且赚得越来越多，而用劳动赚钱越来越难，也赚得越来越少，其结果就是贫者越贫，富者越富。国际上公认的衡量贫富差距的标准是基尼系数，一般来说，基尼系数在 0.3 以下表示社会财富处于平均状态，0.3—0.4 表示合理状态，而超过 0.4 就属于贫富差距过大。而我国的基尼系数，近 10 年以来都在 0.47 以上。

在教育领域，马太效应同样可怕。出生在贫困家庭的孩子和出生在富有家庭的孩子相比，后者享有更优质的教育资源。同样，出生在不发达城市的孩子和出生在发达城市的孩子相比，也是后者才会得到更优质的教育资源。教育改变命运，不同水平的教育在改变他们命运的同时，也在不断拉大他们命运之间的差距。最终则会导致社会阶层之间流动的难度加大，到一定程度，必然会引发社会矛盾。

若任由马太效应在城市中蔓延，强者会拥有越来越多的幸福，而弱者却只能越来越不幸福，这非常不利于幸福城市的建设。我一直都坚信，一座只有强者幸福的城市算不上真正的幸福城市，顶多也就是一座伪幸福城市。因此，要建设幸福城市，就一定要努力去遏制马太效应。那么，如何才能减轻和遏制马太效应呢？倡导"鲶鱼效应"是不错的选择，激励产生更多的优秀者。

鲶鱼效应来自沙丁鱼的故事。挪威人喜欢吃沙丁鱼，特别是活鱼，这导致市场上活鱼的价格比死鱼高出很多，于是，渔民总是想方设法地让沙丁鱼活着回到市场。但是，虽然经过种种尝试，绝大部分沙丁鱼还是会在运输途中因窒息而死。不过，有一条大渔船是个例外，总能让大部分沙丁鱼活着回到市场。这艘大渔船的船长始终保守着秘密，直到他去世，人们才终于知道其中的缘由。

原来，船长在装满沙丁鱼的鱼槽里放进了一条以沙丁鱼为主要食物的鲶鱼。有了鲶鱼的存在，沙丁鱼十分紧张，加速游动，四处躲藏，于是，一条条沙丁鱼便得以活蹦乱跳地回到了渔港。

在企业的人力资源管理中，"鲶鱼效应"非常受欢迎，因为在一个"沙丁鱼"式的团队中引入"鲶鱼"式人才，可以有效激发"沙丁鱼"们的工作积极性，从而更加高效地实现团队的工作目标。在建设幸福城市的过程中，倡导"鲶鱼效应"也能取得不错的效果，可以让弱者"动"起来。

沙丁鱼好比是城市中的弱者，鲶鱼好比是强者，在"马太效应"的作用下，这二者更像是两个独立的部分，走在各自"幸"和"不幸"的道路上。在很多时候，因为看不到希望，弱者被穷困的生活所困，麻木不仁。而应用"鲶鱼效应"，让一些强者"走进"弱者的世界，可以是生活和工作中真实的接触，也可以是以信息传播和共享的方式，让弱者了解到强者的世界，这样就会对弱者产生多方面的激励作用。强者的到来，对弱者既是一种鼓励，也是一种压力，最终结果则是让弱者"动"起来，努力提升自己，努力去开创自己的幸福生活。

"马太效应"主张资源按照效率分配的原则，其结果是赢家通吃，弱者恒弱。"鲶鱼效应"则主张激活推动的原则，可使强者和弱者一起成长、一起成功。幸福城市拒绝"马太效应"，但需要"鲶鱼效应"。

第二节　亲情法则：爱其强，助其弱

一群非洲象生活在一片荒原中，过着无忧无虑的幸福日子。突然有一天，病魔袭击了这个象群。经过一番拼争，这个象群中的绝大部分成员都战胜了病魔的纠缠，但有一只小象，因为抵抗力较差，眼看就要支撑不住而倒下了。要知道，大象这个群体连睡觉都是站着的，因为它们的身体过于庞大，一旦倒下，就会因为内脏之间的彼此挤压伤害到自己。所以对于象群来说，倒下就意味着"自杀"。面对即将倒下的小象，象群中的其他成员开始轮流用自己的身体支撑小象的身体，直到小象奇迹般地恢复了元气。

我们城市中的弱者就好比故事中的小象，同样需要强者的帮助。换句话说，城市就好比一个家庭，一家人兄弟姐妹很多，有人能耐比较大，大家自然爱他喜欢他，但也不免有偏弱小甚至有缺陷的成员，如果大家只爱强者而不关心弱者，这个家庭很难成为幸福家庭。幸福家庭不仅要爱其强，还应助其弱，唯有如此，才能和谐幸福。这也就是我要提出的幸福城市的亲情法则：爱其强，助其弱。

1. 让希望之光照亮每个角落

著名作家海明威自杀前，他在自己的遗嘱中这样写道："我所有的希望已破灭，我那意味着一切的天赋如今已抛弃我，我辉煌的历程已尽，为维护完美的自我，我必须消灭自己。"

当一个人失去希望的时候，是很可怕的，希望是点亮人生的烛光，没有希望的人生只剩下无边的黑暗，幸福则被吞噬得不见踪迹。电影《肖申克的救赎》中有一段经典台词：恐惧把你困在牢笼中，希望会放飞你。只要希望不死，灵魂就不会灭，人生的意义便不会灭。

放眼现在的大小城市，总有一些人觉得自己看不到人生的希望，这种希望的匮乏让他们体会不到生活的幸福。如城市的低收入群体，他们为城市建设添砖加瓦，却租不起一间像样的房子，更不敢奢望在城市拥有一个自己的家。

中国人常说"哀莫大于心死"，从某种意义上来说，心就是希望。而希望和幸福感之间，的确有着紧密联系。希望是人生一笔巨大的财富，有希望的人生才能打开幸福之门。在快乐的日子里，希望是继续奋进以创造更美好生活的动力；在悲伤的日子里，希望是抚平创伤的一剂良药，更是支撑着迈向人生新篇章的坚强后盾。

可以说，希望是通往幸福的关口，希望之光是照亮幸福人生的烛光。要建设幸福城市，就要让希望之光照亮城市的每个角落，照亮每一个失望、甚至绝望的人的内心。而要达到这一目标，需要城市的管理者从多个方面去努力，同时也需要每一个市民的热心付出。

在纽约，街头有很多流动摊贩，曾有人提议立法打击，把这些人清除出这座国际大都市，但被政府否决，政府认为弱者也有生存的权利，政府应该给他们生存的机会。纽约市政府的做法令人称赞，他们没有剥夺弱者生存的机会，也就为他们留下了最起码的希望之光。的确，弱者也是城市这个"大家庭"的成员，他们也有生存的权利，也有追求幸福的权利。

这样的弱者，在我国各个城市中也普遍存在，在他们能力有限的情况下，城市的管理者不仅不应该"封杀"他们的希望之光，更应该通过多种方式帮助他们找到更多的希望之光。

要建设幸福城市，要为弱者的幸福保驾护航，最重要的工作之一就是推进社会保障制度的改革，只有建立了公平的社会保障制度，才能以此为基点去实现更多的公平，才能让弱者看到更多的希望。

点燃希望之光不能仅靠政府，人人都可以成为别人希望的火把。目前，我国公益事业的发展令人欣慰，也足以表明群众力量的强大。比如正在悄然兴起的微公益，借助微博、淘宝等互联网新生事物，正在以更加便捷和高效率的方式传递温暖，帮助弱者。

顾名思义，微公益指的是从微不足道的小事着手，强调积少成多。不是富翁没关系，没有较大的社会影响力也没关系，这些都不妨碍你为社会公益贡献力量。2013 年的微公益经典案例"白雪可乐"，就让我们看到了微公益的大力量。

辽宁省鞍山市有一个女孩叫白雪，她的父亲是一名普通工人，母亲在她一岁时因意外去世，家境一直很拮据。不幸的是，2012 年，白雪被查出患上了再生障碍性贫血，因治疗费远超出这个家庭的承受能力，白雪年轻的生命走到了死亡边缘。为了救助白雪，27 岁的黄伟夫和几个朋友想到了微公益，他们在淘宝上开了一家虚拟网店——白雪人道救助公益网店，所出售的唯一产品是一瓶虚拟的可乐，售价 3 元。仅用短短一周的时间，就为白雪筹集了善款 100 多万，成功挽救了这个年轻的生命。

微公益重在"微"，举手之劳，随时可为，人人能为，换句话说，微公益不是让少数人付出很多，而是让多数人付出一点点。微公益让公益走下神坛，让全民公益成为了可能。微公益的灵活性，更是可以让希望之光照亮每个角落。

希望多一点，幸福才能多一点，当希望之光照亮城市的每一个角落时，幸福也才能在这座城市蔓延开来，在每一个人的心里开花结果。

2. 让弱者也能体面地生活

有这样一个小故事：有一个残疾小姑娘，每天都有一个同学背着她上学。在这件事情被媒体报道后，那些背着她上学的同学满是自豪和喜悦之情，而那个残疾小姑娘，不仅没有丝毫的喜悦可言，甚至感到很难过，也开始拒绝同学的帮助，最后不得不辍学在家。她说，她无法忍受别人满是同情和怜悯的眼光。

向弱者伸出援手，这无疑是出于善良之心，出于人道，值得称赞，但如果在这份帮助的背后是电视台、报纸、网络上连篇累牍的报道，这岂不就是在"宣扬"弱者之弱，伤害他们做人的尊严？

幸福城市应该是一个"大家庭"，作为城市的管理者也好，作为城市中的强者也好，都有义务和责任伸出援手，给予弱者物质或精神上的帮助，点燃他们心中的烛火，让他们满怀希望地去创造自己的幸福生活。不过，当我们在对弱者施以帮助的时候，请再低调一点，再谨慎一点，尽最大努力在不伤害他们自尊心的前提之下施予帮助。

卢梭曾经说过，"每个人都是高贵的存在"，一个人，不管健康还是疾病，贫穷还是富有，也不管从事何种社会职业，能够昂首挺胸，过上体面的生活，永远都是幸福的重要前提。外来务工人员也好，残疾人士、鳏寡孤独者也好，这些群体里的弱者作为一个"人"，作为城市的一分子，理应获得社会的尊重，过一种体面的生活。

有一个退休的老人，为了给病重的妻子凑医药费，不得不拿起麻袋去捡垃圾。在了解到他家的情况后，很多好心人都想帮助他，但又害怕伤害到他的尊严，于是，这些好心人便在老人时常捡垃圾的垃圾箱旁边的一棵树上，钉上了一上一下两颗钉子，上面的钉子挂着一些食品，下面的钉子则挂着废旧报纸等，老人每次看到这些，都感动得泪流满面。

对弱者施以帮助，永远不要忘了目的是什么，是温暖他们，鼓励他们，而不是伤害他们。

在《正派社会》一书中，荷兰社会伦理学家马格利特提出"制度性羞辱"这样一个概念。其含义是，"不让社会制度羞辱社会中的任何一个人，尤其是社会中的弱势群体"。

我国的各大城市有 2 亿多外来务工人员，他们在产业链低端且流动性较大的岗位上辛苦付出，却只能获得微薄的薪水，只能住简陋的房屋，连基本的社会保障也无法享有，这可以说是物质上"不体面"。此外，他们无论走在街头还是乘坐公交车，还要忍受城里人不屑和嫌弃的目光，这又是精神上的"不体面"。这样不体面的生活，能有多少幸福可言？外来务工人员既然来到城市，并且是城市建设不可缺少的成员之一，他们理应过上城市市民的正常生活。

不得不说，我国某些城市当中外来务工人员的"不体面"生活，在很大程度上就是一种"制度性羞辱"。有调查显示，在我国庞大的外来务工人员群体中大约只有 15% 完成了市民化，实现了从农村户口到城市户口的转变；大部分人因为没有户口，他们不能获得一个市民的身份，更不能享受到与市民身份相关的各种社会保障。而要让外来务工人员群体过上体面的生活，一方面需要加快提高外来务工人员的薪酬待遇，加快改革和完善相关的社会保障制度，同时也要承认外来务工人员的价值，肯定他们作为一个城市建设者而不是一个市容影响者的身份，只有这种观念上的认可以及在社会上的广泛传播，才能够为外来务工人员群体找回失落的尊严。

2014 年 7 月 30 日，国务院公布了《关于进一步推进户籍制度改革的意见》，宣告中国实行了半个多世纪的"农业"和"非农业"二元户籍管理模式，将退出历史舞台。有了这一最新政策，相信在不远的将来，户口不同所导致的幸福差距将逐渐消失。

我国一些城市中流浪者的生存现状，也折射出城市无视弱者尊严的问题。2012 年有一则新闻报道称，某市天桥下的地面上出现了一枚枚金字塔形的水泥小尖块，被疑是用来防流浪汉睡觉影响市容而建，这一猜测也得到了相关管理部门的肯定。流浪汉在城市无"立锥之地"，又何谈幸福？在这方面，国外的做法很值得借鉴。

在英国，各个城市的管理者会对所在辖区的流浪者进行登记，但目的不是为了驱逐，而是帮助。来自英国政府的帮助主要有两项内容，一是早餐供应，包括牛奶、咖啡和面包；二是每周一次让流浪汉到浴室去洗澡和洗衣服。

在美国，政府提出了在三百个城市实行旨在帮助流浪者的"十年计划"。在这个计划的资助下，2007 年这一年的时间里，就已经为流浪者建造了四万多个住房，大部分是一个卧室的公寓房，里面有基本的电器，包括洗衣机、烤箱、洗碗机等。

国外很多城市对弱者尊严的保障，主要是基于法律和观念两个方面。比如英国《占住者权利法》规定，如果一个人在一片土地上居住超过 12 年而无人提出异议，他就有权拥有这片土地。正是在这一法律的保护下，伦敦北部曾有一个流浪汉在公园搭建临时建筑并在那里住了很久，结果在开发商拆除时还获得了高额补偿。在美国，当有流浪汉被驱逐并准备投放监狱时，常常会有律师免费帮他打官司，赢回尊严和自由。而且，美国往往不使用"乞丐"这样的歧视性字眼，而一律称之为流浪汉，英文叫做 homeless。

弱者也有追求幸福的权利，要幸福，就请先给他尊严。

3. 大家好才是真的好

自然界奉行丛林法则，比如一只羚羊和一只猎豹之间，捕获羚羊是猎豹的幸福，但却完全建立在羚羊不幸的基础上。从管理学的角度来看，这种关系可以称之为是零和，这是博弈论里的一个概念，意思是一方得益，必然意味着另一方吃亏，一方得益多少，另一方就吃亏多少，得和失相加的总数为零。你、我、他之间的幸福是怎样一种关系呢？也是这样一种相斥的关系吗？我的幸福多一点，你的幸福会不会少一点？

美国一个农场主的故事告诉我们，幸福是可以共赢的。美国这个农场主，由于掌握了科学的栽培方法和技术，他种植的庄稼总是比别人的好，不仅产量大，品质也十分优良，因此总是获益颇丰。而且，这位农场主还有培育和改良品种的技术绝活，但令人不解的是，他总是把自己改良出来的最好的品种送给周围的农场主们。有人问："你这样做难道不担心别人超过你吗？"这位农场主笑着说："我这样做其实并非是毫不利己、专门利人的，对我自己也有很大好处。"

面对大家的疑惑，他继续解释说："无论我农场里的种子多么优良，如果附近农场里满是劣质的品种，他们的花粉难免会飘落到我的农场里，那么我的农作物在受精后质量也就难免会降低。所以，我把最好的品种给他们，我自己庄稼的品质也能得到保证。"这位农场主还强调，别人拥有了跟他一样优良的种子，这也会逼着他不断去进行改良和革新，不断培育出更加优良的品种。

这位农场主的思路显然是追求共赢，在共赢的基础上再去追求自己的"更好"。这位农场主就好比城市中的强者，他周围的农场主们则好比城市中的弱者，强者和弱者之间的幸福也应当是这样一种共赢的关系，追求一种共同的幸福。用管理学术语来讲，这是一种正和博弈，这其中包含的不是一种简单的非此即彼的关系，而是追求双方的利益都有所增加，或者至少一方利益的增加，从而实现整体利益的增加。

想想，你拿着一只香喷喷的烤鸭送到嘴边，周围的人却饥肠辘辘地瞅着你，你心里是什么滋味？同样，看着别人贫穷、痛苦，你的幸福是什么滋味？其实，真诚地希望别人好，伸出援手和别人一起共建幸福，幸福才更有味道，更加回味悠长。强者在向弱者伸出援手的同时，不仅没有损害原有的幸福，还会因这种分享精神而获得更多的幸福。

一枝独秀不是春，万紫千红春满园。对于一个家庭来说，一个人不幸福，全家都难幸福。对于一个城市而言，若只有强者幸福，而弱者却在挣扎、痛苦，那么这座城市也很难被称为幸福城市。借用一句广告词"大家好才是真的好"，幸福城市的建设也是如此，当每个人都能收获自己的幸福时，我们的城市才算真正意义上的幸福城市。

　　幸福，人人渴望拥有；幸福，它也是弥足珍贵。幸福不是"限量版"，你"抢占"了我便没有；幸福永远都是"大众版"，只要努力争取，人人皆可拥有。建设幸福城市的目的，就是帮助每一个渴望幸福的人去收获自己的那份幸福。

第三节　左手爱情法则，右手亲情法则

　　爱情法则是必要的，因为竞争让城市充满活力；亲情法则也是不可缺少的，因为扶弱助困让城市充满温情。"左手爱情法则、右手亲情法则"的提法，是说一定要兼顾好爱情法则和亲情法则，过于偏袒任何一个，都不利于幸福城市的建设。

1. 效率优先，兼顾公平

　　爱情法则，强调的是竞争原则，强者上、庸者下。亲情法则强调的是互助原则，强者向弱者伸出援手，携手弱者共同发展。

　　要建设幸福城市，爱情法则不可缺少，因为只有竞争才能让城市充满活力，才能为城市吸引人才，并激励人才在最大程度上发挥自身价值，进而带来城市经济的高速发展。但只有爱情法则还不够，爱情法则容易出现"爱强弃弱"的局面，造成社会贫富差距的扩大，造成城市幸福的失衡。只有兼顾公平，在遵循爱情法则的同时兼顾好亲情法则，城市的幸福才能从失衡走向均衡，幸福城市的建设才算功德圆满。

　　既要坚持爱情法则，又要兼顾亲情法则，这之间的度又该怎么把握呢？其实就是要做到"效率优先，兼顾公平"。效率优先是对爱情法则的贯彻，兼顾公平则是对亲情法则的兼顾。

　　曾经，我国经济发展严重滞后，迫使我们必须抓住一切机会，尽一切努力快速增加国民财富和国家的综合竞争力，也正是基于此，邓小平同志在南方讲话中一再强调"思想更解放一点，改革与开放的胆子更大一点，建设的步子更快一点，千万不要丧失任何时机"，这奉行的就是类似"爱情法则"。一个国家的经济发展是如此，一个城市的发展也是一样。只有坚持"效率第一"，才能在最短的时间内带活经济的发展，从而带动城市整体实力的提升。

　　不过，追求效率固然重要，公平仍需兼顾，也必须兼顾。只有兼顾公平，才能将贫富差距控制在一定范围内，才能维护社会的稳定，才能将城市建设成为真正的幸福城市。

　　2013 年 6 月 21 日，由中国城市竞争力研究会发布的"2013 中国城市分类优势排行榜"可见，广东省惠州市入选"中国最具幸福感城市排行榜"，而这一次，已经是惠州第四次入选。

　　惠州何以能够连续四次成为中国最具幸福感城市？这和惠州追求效率和公平的统一是有紧密关系的。按照知名经济学者、广东省社科院区域竞争力研究中心主任丁力教授的说法，惠州近几年的发展真正做到了两手抓，一手抓效率，也就是经济发展，包括招商引资和国家大项目的争取；另一只手则抓公平，做了一些别人还没有意识到，或者意识到但还没有认识到其必要性和重要性，因而也没有付诸行动的事情，那就是在追求效率的同时，努力建成一个公平的、让老百姓满意的幸福家园。在这期间，惠州推出了一系列重大改革，比如在工商登记制度改革、公共资源交易改革、基本公共服务均等化综合改革等多个方面，都取得了实质性进展。如今，惠州已经成为广东省甚至是全国范围内实现效率和公平相统一的"样本"城市了，也是当之无愧的幸福城市。

　　加拿大的理念和做法也很值得我们学习。加拿大非常注重兼顾公平，甚至鼓励把更多机会留给弱者。比如在加拿大的学校，在日常的教学工作中，教师花费在差生身上的时间和精力往往比花费在好学生身上的时间多得多。在学校每年一度的圣诞演出中，要选几个小孩出来表演，你会发现这些孩子中有外形超胖的，有性格内向的，甚至还有其他的特殊儿童，可以说，这种可以增强自信的锻炼机会总是更偏爱弱者。

加拿大的医疗保障制度，也充分体现了兼顾公平。比如对于65岁以上的老人和低收入家庭，无论住院与否，所有诊疗费用均由国家负担。2008年，加拿大地方政府在65岁以上老年人身上的医疗花费为人均10742加元，而1岁至64岁民众的人均医疗开支为2097加元。尽管这一兼顾公平的政策执行起来并不轻松，但加拿大政府认为这恰恰是最需要医疗保障的群体。

中国人"不患寡而患不均"，从骨子里向往公平。因此，城市发展的"蛋糕"要做大，更要分好，权利、机会、规则等各个方面的不公平，都会成为人们不幸福的根源，因此，兼顾公平是幸福城市建设的重要内容。

2. 共同富裕，共同发展

早在1993年，党和国家在确立社会主义市场经济体制的文件中提出"效率优先，兼顾公平"的分配原则，到党的十六届五中全会上，这一提法有了新的转变，开始强调"更加注重社会公平"。

为什么要"更加注重社会公平"？以我之见，中央的这一精神其实传递出这样一个信号：城市建设不仅要重视爱情法则，同时也要重视亲情法则。过去我们对亲情法则只是"兼顾"，而现在需要提高到"重视"的高度。在这个贫富差距日益加剧的时代，只有对亲情法则提起足够的重视，才能帮助更多的弱者找到幸福，才能建设一个和谐的幸福城市。

在经济落后的发展阶段，我们强调效率优先，但当经济发展到一定程度后，就不能再只是"兼顾"公平，而是要更加"注重"公平了，也就是要追求共同发展、共同富裕。

不过，追求共同富裕不是追求平均富裕，也不是追求同时富裕，而是要注重为弱者提供发展的机会，包括提升能力的机会、就业甚至创业的机会，通过追求共同发展去实现共同富裕的终极目标。

在这方面，拉美国家的教训无疑是前车之鉴。在拉美国家的城市化过程中，由于没能帮助弱势、低收入群体解决好就业、社会保障等问题，导致了大量"贫民窟"的出现和贫富差的扩大，并成为世界上收入差距最大的地区。目前，拉美最富有的 20%人口所占有的财富相当于最贫困的 20%人口的 20 倍，约有 1/4的人口居住在贫民窟内。同时，由于贫民窟居民无法融入到城市，导致一系列社会问题：黑社会势力横行，非法枪支泛滥，各类犯罪活动猖獗……在这种城市环境下生存的居民，幸福恐怕只能是一种奢望。

1972 年，不丹成为世界上第一个确定以"国民幸福"为国家发展目标的国家，非常重视牵手弱者共同发展，其做法值得借鉴，其决心更值得深思。

修公路是不丹一项最重要的扶贫政策。不丹多山，人口分散，缺乏公路是摆脱贫困的最大障碍之一，因此，不丹政府在修路方面投入了很多财力和精力。国王甚至亲自去全国巡查，研究最合适的路线。据说，在巡视到一些穷乡僻壤的地方时，国王就住在"野外行宫"（就是用常青植物围成的露天"房间"）里。不丹还大力推行免费教育政策，这让很多贫困家庭的孩子成为了工程师、医生、教师，甚至当上了老板，成功跨入了中产阶级的行列。不丹的经济并不发达，甚至可列入世界上最不发达的国家行列，但却为全民提供免费医疗。

不丹所做的这一切都传递出一个信息，不丹追求"公平共享的经济发展"，强调国家发展带来的经济成果必须由全民共享。的确，追求共享是不丹的传统，过去不丹非常贫穷时，不丹人团结、幸福，因为大家都一样穷，如今不丹经济发展了，有一部分人富裕了，但绝不会炫富，更不会置穷人于不顾。

日本建立的"就业援助机制"，是其牵手弱者共同发展的重要举措，其中一个很重要的制度就是终身技能开发机制。作为一个资源稀缺的国家，日本十分重视提高国民的教育水平，努力使全体国民都能够掌握一定的职业技术能力。为此，日本很重视专修学校的建设和发展，把专修学校分为三类，第一类是高等专修学校，主要招收初中及以上学历者，开展的是实用性较强的职业教育；第二类是专门学校，招收高中及以上学历者，进行更深入的专门技术教育；第三类对招生对象和入学资格都没有统一规定，可以为各个年龄层的各种对象提供所需要的技能培训服务。这样的终身技能开发机制，不仅为日本解决了就业难题，更是为日本培养了大批人才，创造了良好的经济和社会效益。

就业是独立"造血"的开始，只有学会了"造血"，弱者才能真正改变自己的命运，才能把幸福牢牢地抓在手中。

在扶弱助困方面，我国比较传统的做法是"输血"，比如最低保障金制度，大小节日"送温暖"等，这种保障和补给无疑是非常必要的，但也有缺陷，因为这只能为受助者提供最基本的生活保障，并不能帮助他们走出贫困。换句话说，就是只能授人以鱼，不能授人以渔。最重要的是，很多人习惯了接受帮助，人不仅变得懒惰，更是失去了改变命运的信念。

俗话说，有志者自有千方百计，无志者只感千难万难，为弱者提供免费教育也好，创造就业机会也好，最根本的仍然是扶"志"，只有有志之人才能改变并主宰自己的命运。经济学家梁小民曾经说过，我国东西部地区最大的差别不是经济发展水平，而是人的思想观念，西部很多城市在自然资源和国家政策方面都优于东部的一些城市，但却没有改变贫穷落后的面貌，正是受到了保守落后的思想观念的制约。可见，想要在物质上致富，首先要在精神上改变，有志才有未来。

爱情法则和亲情法则看似矛盾，实际却是一个对立统一的整体。到任何时候，城市都不能单纯地选择爱情法则或者亲情法则，而是应该二者兼备，并在不同的发展阶段把握好二者的度。过分强调爱情法则或者亲情法则，都会影响到城市的健康发展，影响到幸福城市的建设。

3. 让城市充满爱

人本主义心理学的先驱埃里克·弗洛姆有一句名言说道，爱是活跃于人心中的一种力量，它冲破人与人之间的隔阂，使我们紧紧相连，使我们战胜孤独无助，但仍使我们保持自我个性的独立完整。

毋庸置疑，爱，它能给予人的力量是无限的；爱，它之于人生和社会也是不可或缺的。法国著名思想家、文学家罗曼·罗兰也说过，爱是生命的火焰，没有它，一切变成黑夜。同样，一座城市中如果没有爱，也将是一座寒冷而黑暗的城市。换言之，只有充满爱的城市，才能成为真正意义上的幸福城市。

爱是什么？爱是那温热的泉水，爱是那燃烧的火把，在温暖人心的同时也给予人无限幸福。2013 年 11 月 22 日，是二十四节气中的小雪，这一天气温骤降。也是从这一天起，洛阳市救助站开启了"闻寒而动"行动，开始每天出动三台车上街流动巡逻，车上准备有棉衣、棉被、方便面、火腿肠、饼干、开水等物资。洛阳市救助站此举主要是想对街头流浪乞讨人员实施救助，在这个日渐寒冷的冬日里，及时发现他们的困难、解决他们的困难，送上温暖，送上爱心。洛阳市此举把每一位市民，哪怕是卑微者的尊严都放在了心上，不仅温暖了那些急需帮助的弱势群体，这种表达爱、传递爱的做法更是温暖了整座城市，让这座城市洋溢着幸福的味道。寒流无情，城市有爱，一座有爱的城市才能称得上是真正的幸福城市。

爱是奉献，尽己之能，让爱传递，让幸福飞翔。在这方面，城市人家装饰集团的做法值得肯定。2014 年 6 月 13 日，该集团在山东大厦济南厅正式启动了"这城市有爱——城市人家十城百校千家"系列公益活动，在山东省的济南、青岛、烟台等 14 座城市同步开展，为期 3 个月。该项公益活动的重要内容之一，就是为城市老社区粉刷楼道的墙壁，让人们住得更舒心。同时还进行家装知识的普及，与城市百姓共建幸福生活。

城市是市民的城市，每一位市民也都有义务和责任献出自己的爱心，共同建设一座充满爱的城市。实际上，这样的爱心市民并不少见，甚至还是匿名献爱心。2011 年 10 月 18 日，朝阳门街道社区服务中心收到一批个人捐赠最贵的爱心图书——《弟子规》3500 册，价值两万多元。据朝阳门街道社区服务中心的负责人介绍，匿名捐赠图书的爱心市民并不在少数，截至 18 日下午，街道共收到了爱心图书近三万册。

只要我们每一个人都献出自己的爱，我们的城市就一定能成为一座真正充满爱的幸福城市。

最近几年，人们越来越注重过父亲节、母亲节以及感恩节等一些西方节日了，这些节日的本质都是倡导和鼓励人们学会爱、表达爱，包括对亲人的爱，也包括对社会的爱。从某种意义上说，倡导什么正是因为缺乏什么。不能否认，如今很多城市都在不同程度上患上了"爱的缺乏症"。放眼我们的城市，当有人突遇危险时，有多少围观的身影？有多少冷漠的眼神？又有多少人愿意并敢于伸出援手？2010年4月，有网友公布了"中国十大冷漠城市排行榜"，尽管该排行榜引发网民热议，被认为缺乏依据，但仍然在社会上引起很大反响。很多人心中都充满了疑问，我们的城市到底怎么了？到底怎样才能让城市充满爱？

城市的冷漠和商品社会的发展，特别是人们生活节奏的加快有关，高效率、标准化、流水线作业的环境，让人们之间的关系发生异化，逐渐从人情社会转变为陌生人社会。美国作家赫胥黎在《美丽新世界》中这样描述人和人之间的异化："营养充分，穿戴讲究，但却没有自我，同他人也只有表面的接触。"没错，逐渐沦为工作机器的现代人，正在丧失爱的能力。但是，我们每个人都渴望爱，我们的城市也需要爱，也应该充满爱。

其实，母亲节、父亲节以及感恩节等一些西方节日的流行，也从一个层面表现出人们对爱的渴望和重视，不过在我看来，爱没有节日，每一天都应该是爱的节日，父亲节、母亲节、感恩节等节日存在的意义，不仅在于唤起我们的感恩之情，更在于引导我们重新思考自己与亲人、朋友以及更多陌生人之间的关系，发现爱的意义和价值，并努力去做一个懂得爱、传递爱的人。令人欣慰的是，有很多城市已经认识到了爱的重要意义，设置了各种奖项，鼓励和倡导有爱心的先进典范。一旦爱的气息充满了天空，我们离幸福城市还会远吗？

2011 年 6 月，考察基加利，与卢旺达总理马库扎亲切会谈

2009 年 7 月，考察芭提雅，与泰国总理阿披实亲切交流

2015 年 3 月，与荷兰首相吕特亲切交流

2010 年 6 月，考察圣彼得堡，与俄罗斯副总理伊万诺夫亲切交流

第三章 三个层次：幸福城市的高度

幸福是什么？100个人心中有100个哈姆雷特，100个人心中有100种幸福。古希腊哲学家亚里士多德认为"幸福就是灵魂的一种合乎德性的现实活动"①，中世纪哲学家托马斯则觉得"人类的幸福，决不在于身体上的快乐"②，中国大教育家孔子眼里的幸福，形式更加多样，既是"学而时习之"的学习之乐，也是"有朋自远方来"的朋友之悦，还是凡事"喻于义"的坦荡情怀。

关于幸福的含义，中央电视台曾经做过一次电视调查，得到的答案可谓五花八门，抛去那些充满戏谑甚至恶搞的答案，我们清楚地看到：人对幸福的诉求和渴望随着个人的年龄和生活环境而改变。小朋友的幸福就是少写作业、多些玩耍的时间，中年人的幸福就是工作顺利、和家人幸福地生活在一起，老年人的幸福就更加简单，往往是希望全家人能身体健康、平平安安。

幸福的内涵很难统一，但幸福的层次却可以有一致的划分。从低到高，幸福可主要分为物质、情感和精神三个层次。建设幸福城市，就是要满足市民不断增长的、不同层次的幸福需求。

---

① 高圆：《马克思主义幸福视野下民生幸福的要义与实现》，《广西社会科学》2012年第11期。

② 田照军：《论西方哲学中的"幸福观"思想》，《黑龙江农业经济职业学院学报》2011年第5期。

第一节　物质幸福：幸福城市的基本保障

以唯物主义观点来看，物质是第一性，意识则是第二性，物质决定意识。没有物质，哪来的意识？马克思在《资本论》中指出，经济基础决定上层建筑。经济基础不牢固，上层建筑可能要瘫痪。同样的道理，物质基础也决定着幸福城市是否存在。

上海"菜篮子"工程为市民提供了优质蔬菜，辽宁省的棚户区改造实现了市民"住有所居"的梦想。对于老百姓来说，吃上放心菜、有房子住，就是最真实的幸福。很难想象，食不果腹、衣衫褴褛的情况下，会有什么幸福可言？或许在那时，所谓的"幸福"远远不如一个掺杂稻糠的窝窝头来得实在。

因此，在幸福城市的建设中，最为基础的莫过于物质的保障，唯有如此，幸福城市的美好愿景才能得以实现。

1. 衣食住行用，样样有保障

"福"字的写法，就字意来看，已经透露幸福的要义，"衣字偏旁，口在田上"，意思是说一个人能有衣服穿、有饭吃，就是"福"。换句话说，起码的物质保障乃是幸福的基石。

传统经济学理论坚持物质决定论，认为收入是决定幸福与否的最主要因素。收入增加使人们有能力购买更多消费品，还提供给人们更多选择不同消费品组合的权利。所以，人们的幸福水平会随着收入的增加而提升。但是，越来越多的事实表明，收入增加并不一定会带来幸福水平的增加。

与传统经济学理论相比，马克思主义幸福观更客观。马克思主义幸福观建立在物质决定论基础上，认为物质生活是幸福生活的必要条件，个人幸福的实现依赖于一定的社会条件，但离开精神生活的幸福，也就不再幸福。

幸福应当是物质生活与精神生活的统一，缺乏物质生活的滋养，幸福无从"生根发芽"。衣、食、住、行、用，是我们生存于世的基本条件，也是衡量我们是否幸福的重要标尺。

在"衣"上，我们以西藏拉萨市为例，看看幸福的变迁。30多年前，由于物资较匮乏，拉萨农牧民群众的穿着，正印证了"新三年，旧三年，缝缝补补又三年"那句老话。今天，拉萨人民的穿着既讲究服装质地、款式，还要追求时尚。穿着漂亮的衣服，人们脸上的笑容，彰显着他们的幸福。

在"吃"上，我们从河南郑州可以闻到幸福的"气味"。每年立冬之后，当天气转凉，河南郑州的大街小巷总散发着浓郁羊肉香味的烩面。河南郑州号称"烩面之城"，拥有大大小小数千家烩面馆。每到饭点，穿着时尚外套的小姑娘，或穿着毛衣的小伙子，还有穿着厚重棉衣的老年人，都走进烩面馆，品尝着加有木耳、枸杞、海带、羊肉等诸多配料的烩面。周围的食客们埋头大吃之时，额头冒出颗颗汗珠，嘴上沾着汤汁，脸上带着笑容。这既是吃烩面的幸福，也是能吃饱、吃好的幸福。这种情景，很容易让人联想起抗战时期，恰逢天祸最艰难的1942年，河南人民吃不饱穿不暖的悲惨日子。当时，在河南大地，饿殍满地，灾民成群。生活在社会底层的百姓，在逃荒路上，食不果腹、衣不遮体。在灾民们如菜色、无血色的面孔上，呆滞、无神的眼神，无力、迟缓的动作，以及在寒风瑟瑟中被冻得颤抖的身影中，除了深深的苦难和深入骨子里的绝望，你能感知到丝毫的幸福吗？

在饥寒交迫的年代，如果有吃有穿，就可算作幸福生活。随着经济发展和社会进步，现在，除了吃穿之外，是否有房住，出行的过程是否顺利，也成为幸福生活的参考项目。

唐朝诗人杜甫诗曰："安得广厦千万间，大庇天下寒士俱欢颜。"在传统观念中，我们也讲究安居乐业，"安居"就是要有房子住。时间的脚步行进到现在，房子更是影响人们幸福指数的最重要因素。2014年发布的《北京青年人才住房状况调研报告》显示，超过90％的受访者认为幸福与房子有关，其中33％的人认为"有房是幸福的决定性因素"。①

除非看透世俗和红尘的世外高人，对绝大部分人来说，有房子不一定幸福，但没房子肯定不幸福，房子的重要性毋庸置疑。

2014年的一项调查显示，95％的新加坡人认为自己非常幸福。② 在他们看来，新加坡的街道清洁、治安状况良好、邻居之间相互帮助。最关键的是，在新加坡，人们基本能够实现居者有其屋。有了房子，意味着你不再居无定所，不再漂泊；有了房子，意味着你的内心有了一份安定感和归属感……每天下班后，回到小区门口，看到家里的灯光，想到房子里有家人等着自己共进晚餐，心里会有一种暖洋洋的幸福感。

而没有房子，就必须租房，租房则意味着随时可能流落街头，房东一次又一次涨房租，或者遭遇黑中介时被骗得精光。没有房子，你只能算作二等公民，属于城市里的边缘人。就算你能忍受，你的下一代呢？他们可能无法取得户口，不能像其他同龄人一样去学校读书学习，失去成长发展的机会。人生之哀，莫过于失去希望。当下一代的"翅膀"被折断，上一代的幸福从何而来？

---

① 《调查显示超九成国人认为幸福与房子有关》，《生命时报》2014年4月1日。

② 《去最幸福的四国找幸福》，《东方早报》2011年4月8日。

曾经作为"遮风避雨居所"的房子，现如今还被赋予了更多的含义。房子成为功名、尊严，乃至社会地位的代名词。是否有房，成为了众多姑娘择偶的第一甚至唯一标准。没房子，代表你经济实力不够，代表你没能力，用更通俗的表示，就是"无能"。

的确，没有房子，你可以租房住，一样不用经受风吹雨打，但是得不到房子赋予的尊严和自我实现感，又何谈幸福？正如一首歌中唱的"我想有个家，一个不需要华丽的地方，在我疲倦的时候，我会想到它……"

每年来到北京、上海、广州等一线城市拼搏、奋斗的年轻人中，总会有部分人选择离开。不是因为这里不够好，真正原因在于他们被这里高不可攀的房价和节节高升的房租压得透不过气来。

除了房子之外，影响人们幸福感的因素还有交通状况。交通状况直接影响着人们的生活质量，也影响着人们的幸福感。生活在一个交通便利，且交通畅通无阻的城市中，人们的幸福感会更强。生活在交通不便或交通堵塞的城市中，只会给人们的生活添堵。

凡是到过大连市的人，都会对大连的交通由衷地赞叹："流量大、速度快、事故少、秩序好"。生活在大连，驱车行驶在大连最繁华、最热闹的区域，人们可以看到一条条宽阔且笔直的道路，一座座纵横交错的立交桥，以及一辆辆井然有序的汽车，丝毫不会看到拥堵的状况，市民幸福感油然而生。即使在普降大雪、给交通造成诸多不便的寒冬，大连交通依然能够畅通，确保行车安全。

拥有一辆私家车，是每一个城市人心中所想。但是，交通的堵塞很容易将这种喜悦打破。据媒体报道，生活在郑州的居民，从金水区去郑东新区，路上经常堵上1个多小时，放眼望去，整条马路像个大停车场，车喇叭声响，加上汽车尾气，让人心情糟糕透顶。用一位居民的话说，"13 万并没有买来幸福感"。①

"用"又是什么呢？简单而言，就是市民实现生活幸福的工具和社会服务，比如满足物质生活需要的水电、煤气、暖气，满足情感需要、精神需要的传播工具如邮政、电视、网络、手机等。随着移动互联网时代的到来，北京开始建设能够覆盖全城市的免费 WIFI（高频无线电信号）"my beijing"。等到建成之时，生活在北京的市民可以免费、自由地畅游在信息技术的海洋之中，实现更便捷的沟通，彼此之间的距离被极大地缩短，人们的生活也会因此更加幸福。

不管对一个国家还是一座城市而言，只有先让最基本的衣、食、住、行、用得到保障，市民的幸福才算打下了坚实的基础。

2. 少有所学，老有所养，病有所医

中国梦，对中国人民有着极为重要的意义，既是引导我们前进的方向，也是中华民族自古以来的追求，这是一个追求幸福生活的梦。如同《礼记·礼运篇》中的描述："老有所终，壮有所用，幼有所长，矜、寡、孤、独、废疾者皆有所养。"

在一个不断发展的城市中，壮有所用自然是水到渠成，而老有所养、少有所学、病有所医，则需要我们不断努力。一座幸福城市，要在义务教育、医疗和养老等方面为人们提供基本保障，满足人们基本的生存和发展需要。

所谓"少有所学"，就是让城市中的每位适龄儿童都能走进学校，享受平等的受教育权利。无论打工子弟，还是城市白领的

---

① 《生活畸形发展——郑州市民 13 万买不来幸福感》，《河南商报》2010年 4 月 8 日。

孩子，抑或公务员子女，都能坐在同一间教室、阅读同样的课本、听同样的老师讲课。

孩子是祖国的未来，教育是一个民族振兴的基石，教育公平则是社会公平的重要基础。只有普及教育，并实现教育公平，才能让每位市民都获得尊严与发展的机会，让祖国的未来伴随着下一代的成长充满希冀。

上海是一座现代化、国际化的城市，也是中国年轻城市的象征，充满着激情和活力。可在 20 世纪中叶以前，这座"东方巴黎"却是冒险家和黑社会分子的乐园，黑暗和暴力肆虐。如今的上海，发展速度堪称奇迹，人们之间的竞争虽然激烈，彼此之间的关系却充满友爱与和谐。在这座幸福城市的构建中，教育是一个不可或缺的重要环节。在中国所有城市中，上海人口的文化层次、受教育程度和综合素质，均名列前茅。

上海市教育政策的核心就是"有教无类"。上海不仅建立了完善的外来务工人员子弟入学制度，让外乡孩子能够享受公平的教育。其特殊教育的发展在国内更是首屈一指，尽管有些孩子身体残疾，却依旧可以和健康的孩子一样背上书包、走进学校。

环视当下我国各个城市，已经基本实现了"少有所学"，当务之急应当是解决教育公平的问题。由于优质教育资源有限和分布过于集中，并非每个孩子都有机会进入一所师资力量雄厚的好学校。未来，加大教育投入，增加优质教育资源的总量，同时加快推进基础教育的公平化，应该是建造幸福城市的重中之重。

看到孩子脸上洋溢着幸福，我们不能忘记那些白发苍苍、迈入暮年的老人。如果说儿童代表着未来的希望，老人则代表着值得尊重的过去，正是依靠他们当年挥洒的青春和汗水，我们才能享受到幸福的城市生活。一座幸福城市有责任让犹如蓓蕾般的孩子通过学习快乐成长，也有义务让老人幸福地安度晚年。

老年是人生旅途的必经之路。无论年轻时如何风光，岁月都会让你的脸上布满沟壑。当白发覆盖了整个头顶，行动变得迟缓，哪怕抱起一个嗷嗷待哺的婴儿也要使出全身的力气时，即便再坚强的人，也只能依靠他人来照顾。

人到老年时，是否得到妥善的照顾和赡养，是决定幸福与否的关键。有人照顾的老年，是幸福的晚年；老无所养的晚年，充满着心酸和不幸。

在拉萨，60岁以上老人可以免费乘坐公交车，近70岁的五保老人被政府集中供养。行走在拉萨街头，不时可以发现老人们面带微笑，生活安定悠闲。根据国家统计局和中央电视台联合进行的"CCTV经济生活大调查"，拉萨市连续五年被评为中国幸福指数最高的城市。[①]拉萨市民的幸福感，与老有所养不无关系。

老年人的生活状态，决定一座城市是否幸福。就此标准而言，无关乎国内城市，还是国外城市。

日本港北新城风景优美。每年，许多来自日本其他地区的老年人，会搬到这里居住，从而成就其"养老之乡"之称。为优化老人生活，港北新城投入巨大，建造了适合老年人居住的小面积平房，建设老年大学、完善社区看护服务，为老年提供健身器材、免费的健康讲座等。[②]生活在港北新城的老年人，不仅可以欣赏当地美景，还能够享受生活上的保障，脸上怎能不洋溢着满足的笑容？

幸福是相对的，有幸福，就有不幸福。"都说养儿为防老，

---

① 《解读拉萨的幸福密码》，《西藏日报》2011年8月29日。
② 《国外的老人如何养老》，《杭州日报》2012年10月17日。

可儿山高水远他乡留。"这句歌词道出了众多老年人的心酸，也是当今一个社会群体——空巢老人的写照。在南京，老人"空巢率"近40%。空巢老人虽然不缺吃穿，心理上却存在不同程度的焦虑、失落，常常独自一个人看电视到深夜，或拄着拐杖孤孤单单走在街头。

如果说不能享受儿孙绕膝之乐，无法得到子女的照顾，产生的精神上的寂寥和落寞是一种不幸福。那么，近年来，一些城市层出不穷的"空巢老人死于家中多日无人知"的新闻报道，更让人们对老无所养的老人的无助和不幸，产生一种深入骨髓的凄凉感。

现代生活的压力、家庭模式的变化等种种因素，导致个人和家庭养老困难重重。针对这种情况，国家需要建立完善、覆盖全民的养老体系，给予老年人更多的公共投入，为老人生活提供基本的保障。目前，我国已经有部分地区实行"居家养老"，即政府通过"服务购买"的方式为"空巢老人"提供免费服务。但是，这些服务大部分仍然局限于生活层面，并不能带给老人精神慰藉。而且，部分从业人员因为缺少正规培训，服务质量有待提高。

要想真正实现老有所养、老有所依，必须真正从老年人需求出发，逐步完善社会保障体系和服务机制。从我国现行养老体系来看，距离这一目标还有差距。不仅如此，我国现行养老体系还存在诸多问题，比如养老保险无法进行异地转移，与我国城市人口流动性日益加大的现状极为不符。未来，加快推进我国养老体系建设和改革，是建设幸福城市的一项重要内容。

无论对老人，还是其他年龄阶段的人来说，健康胜过所有财富，是最美的礼物，也是实现幸福生活的重要前提。诺贝尔文学奖得主罗素说过，通往幸福之路的第一条便是健康。患病之后，病有所医，才能够摆脱痛苦，重回健康，获得幸福。

因此，"病有所医"是衡量一座城市幸福与否的标准，也是一座城市对所有生活在这里的每一个生命的尊重与承诺。

在不丹首都廷布，人人都能够看上病，看病不需要花钱，即使外来旅游者在廷布临时就医也不需要交纳费用。而且，不丹的医务人员对病人态度温和、有耐心，有慈悲心怀。不丹的国民生产总值虽然不高，国民幸福指数却在全球排名最高。不仅不丹人民感觉很幸福，很多邻国的穷人甚至还越境来此看病，争相体验这种幸福。[①]

我们深知，医改堪称世界性难题，需要我们鼓足勇气，去努力探索这一世界性难题的中国式解决办法，尽最大努力解决基本医疗资源的配置不合理问题，走出看病难、看病贵的困境，实现人人享有基本医疗卫生服务的目标。

自 2009 年"新医改"实行以来，我国的"看病难、看病贵"问题得到有效缓解，在部分城市地区，已经基本实现病有所医。为巩固现有医改成果，并将医改不断推向深入，我认为应该在以下三个方面着手努力：建立基层服务体系，提高服务能力，使市民不至于"通宵排队挂号"；加大政府投入，废除"以药养医"政策，减少医疗市场趋利行为，加强医疗行为的监督；在全社会范围内，提倡并提高市民防病意识，加大公共卫生和健康教育的投入。

民生无小事，枝叶总关情。一个城市，实现"少有所学，病

---

① 尹伊文：《小国不丹的启示：用国民幸福总值替代 GDP》，《南方周末》2009 年 5 月 7 日。

有所医，老有所养"，人们才能其乐融融，尽享天伦。到那时候，"幸福"才会真正内生滋长，源远流长。

3. 空气清新，食品安全，出入平安

随着社会不断发展，人们的自我意识不断提高，生存下去已经不再是主要的目标，如何发展自我、如何提高生命质量，活得快乐、活得健康，更是成为当今社会人们追求幸福的主要内容。

根据有关机构的研究表明，个体的幸福感与财富相关度不大，特别是人均 GDP 达到 3000 美元之后。所以，社会财富积累到一定程度，幸福感增加与收入增加并不呈现正相关，非经济因素对幸福的影响会越来越大，人们会更加关注社会环境和自然环境等因素。

如果评选对市民身心影响最大的一个因素，莫过于一个城市的环境。比如，我今天能不能呼吸到新鲜的空气？能不能吃到安全的食物？能不能平安出行？

改革开放以来，许多城市为追求经济效益，采取了代价极大的方法：大量建设一些排污高、耗能高的企业，以牺牲环境为代价来发展经济，解决温饱问题。但当人们已经衣食无忧的时候，如同马斯洛的需求层次论所论证的那样，需求层次又提升了，环境好坏自然也就成为了衡量幸福与否的一个重要指标。

可以想象，即使一个人在城市中，家庭、工作和事业都不错，甚至很有成就感，但是每日出门时，看到的是雾霾遮日的天空，呼吸着掺杂汽车尾气的空气，吃着被污染的食物、在拥堵的街道上焦急等待……他会感觉幸福和快乐吗？

不同于传统心理学只注重于社会文化因素的心理效应，现代心理学对自然环境，尤其是环境污染对人们心理的影响进行了研究，并取得一些进展。通过对某市 5 个化工企业 787 名接触化学

有害因素的一线工人，进行心理和神经功能的测试，心理学家发现，化工行业有毒工种作业人员与一般人群相比，心理问题突出，会出现自卑感、焦虑、忧郁等负面情绪。而在锰矿工作的人，常常出现口齿不清、神情呆滞、性格抑郁等不良状况。①

恩格斯说过，要想真正改变一个人，最好的方法就是改变他的生存环境。环境的重要价值对于幸福体验同样适用。人类不断地污染环境，最终带来的必将是大自然的惩罚，到那时，再美好的幸福也都会成为泡影与空想。

许多城市走的都是西方老牌资本主义国家那种"先污染，后治理"的老路子，但江苏张家港市不一样，经济发展并非以牺牲环境为代价。张家港市处于长江三角区，工业和航运业历来极为发达，城市经济也因此快步向前，一直是"全国经济百强县"排名中的前十位，市民过着高收入、低消费的幸福生活。在一般人眼中，这种依靠工业和航运发展的城市，其市内的环境必然非常糟糕，事实恰恰相反，张家港市管理者和全体市民对"既要金山银山，又要青山绿水"这一观念有着清醒的认识，市民在享受这座城市的经济建设成果的同时，也体验着优越环境带来的舒适和健康。

在张家港市，看不到在翻滚的泥浆中散发着臭味的河流，看不到将天空染成灰色的黑烟，映入人们眼帘的是阡陌美景和温婉俏丽的风景，4.41万平方公里生态公园中郁郁青葱的草木不断地为城市提供着清新的空气，新建的80万公顷生态园让整座城市变成了一座"氧吧"。② 在这里，漫天的黄沙和令人窒息的雾霾

---

① 薛娅、朱建全、徐琪：《化工作业人员心理健康状况及影响因素研究》，《中国职业医学》2003年第2期。

② 《规划，让城市更美好》，《张家港日报》2011年8月22日。

毫无踪迹，人们不需要戴口罩，可以在街道上"肆无忌惮"地微笑、呼吸。

如果评选中国环境最为清新、环保最为优越、生活最为健康的城市，张家港市无疑会名列前茅。联合国人居奖、国家卫生城市、国家园林城市、全国文明城市、全国生态市、中国人居环境奖、国家环境保护模范城市……这一个又一个荣誉，不仅代表着城市管理者的成功，在某种程度上也是张家港市人民幸福生活的象征。

食品问题在张家港市也得到了完善解决，张家港市所有市民都知道一个"张家港食品安全防护网"，在这里，所有人都能够看到各大蔬菜市场的检验检疫结果，如果这座市场的食品安全存在不足，网站地图中就会亮起"黄灯"，警示居民谨慎购买。如果一个市场中的蔬菜等食品连续两天出现不合格的情况，网站地图上就会亮起"红灯"，整座市场的同批次蔬菜都要被销毁，而销售者也将接受整改。这种检测几乎每天都会进行两次，杜绝了出现"死角"的可能性。

不仅如此，张家港作为一个港口城市，其城市内部的交通网络也非常发达，"五横三纵"的高速路、"七横九纵"的市内快速路和百余条公交线路，在这里，人们可以轻松地实现出行，避免了拥堵带来的烦恼。为了保障市民能够真正安全出行，张家港市建立起了一个名为"平安天网"的社会工程，在全市绝大部分路段都安装了摄像头，建立起系统的、全覆盖的警务巡逻系统。夜晚，当人们行走在灰暗的马路上，没有什么比看到熟悉的警灯更加让人感到安心。此外，张家港市还发动治安积极分子参与巡逻，最大限度地维护社会的稳定，市民也因此得以安全、放心地出行。

在建造幸福城市的过程中，永远都是问题叠着问题。环境污染、食品危机、交通肇事等，每一个城市顽疾都在剥夺着市民的幸福感，也阻碍着幸福城市的脚步。但是，方法总比问题多，只要我们坚持以市民幸福感为中心，像张家港市那样统筹好城市发展与环境保护、食品安全，幸福就会越来越近，越来越多。

第二节　情感幸福：幸福城市的心灵鸡汤

情感是人类区别于动物最明显的特征，也是人类最宝贵的财富。情感的幸福不是一种玄而又玄的说教，而是一种切切实实的存在，关系到每个人的精神愉悦。一个幸福城市，既要为人们提供丰裕的物质保障，更要为人们打造丰富的情感"港湾"。

进入新世纪，世界各国都在收获经济增长，但是，在享受物质生活的同时，人们却一致性地付出代价，即幸福的感觉开始变得飘忽不定。当代积极心理学领军人物凯瑟（Kasser）和瑞安（Ryan）将物质主义称为"美国梦的黑暗面"，并进行立项研究。大量研究结果表明，高速驰骋的物质主义，虽然促进了物质繁荣，却让人类付出高昂的代价——削弱了人们的幸福感，以及透支了人类的可持续发展的幸福。

1. 纯真的爱情

爱情是人类最美好的情感，两个陌生人因为爱情走到一起，因为爱情他们繁衍生息、创造奇迹。当上帝在伊甸园中创造了亚当和夏娃，爱情之歌就此开始传唱。汪峰在歌中唱道："爱是一颗幸福的子弹"，的确，有了爱情，幸福已经开始出发。从古至今，自国内到国外，千千万万的爱情故事，成就了一幕幕永不褪色的经典。梁山伯与祝英台的化蝶之恋，让后来者感动不已；罗密欧与朱丽叶的为情而亡，也让观众潸然泪下。匈牙利诗人裴多菲的那句"生命诚可贵，爱情价更高"，仍为今天的人们津津乐道。

爱情是幸福生活的"催化剂"，可以促使相爱的双方共同努力，通过自己的奋斗来实现幸福的未来。《傲慢与偏见》中的伊丽莎白与达西家庭出身迥异，前者出身卑微，是家庭中五个女儿之一，后者则是从上流社会"含着金钥匙"出生的"少爷"。爱情的魔力，让他们两人各自努力做出改变：伊丽莎白渐渐了解达西，消除了对他的偏见；而达西也在和伊丽莎白的相处过程中，渐渐把身上的傲慢摒弃，变成一个彬彬有礼、善解人意的绅士。最终，他们两人联手冲破阶级的隔阂和世俗眼光，幸福地生活在一起。可见，爱情具有强大的催化力。

爱情也是幸福生活的"润滑剂"，可以用温馨的感情来化解矛盾，维护爱情双方和家庭的幸福和睦。一曲《凤求凰》，让才子司马相如和美丽聪颖的卓文君坠入爱河。两人当垆卖酒为生，生活虽然艰难，却也幸福美满。司马相如因文采过人，被举荐为官后，产生了纳妾之意。卓文君得知情况后，怀着悲痛的心情给丈夫写了一封《怨郎诗》，爱恨交织之情跃然纸上，司马相如回想到昔日夫妻恩爱之情，顿时羞愧万分，自此，再也不提纳妾的事情。

爱情也是幸福生活的"防腐剂"，一旦遭遇生活变故，它能协助人们渡过难关。1975 年，重庆市民谭仙殊的丈夫因意外致残瘫痪在床，深爱着丈夫和家庭的她，毫不犹豫地扛起了家庭的重担，不仅将丈夫照顾得无微不至，还把两个孩子养育成人。时至 2015 年，艰难的日子已经过去 40 个春秋。对谭仙殊来说，40

年的时间显然不是一晃而过，而是在日复一日的艰辛里走过来的。但是不管多难，谭仙殊的心中只有一个信念——既然成了一家人，一家人就不能散！

面对生活的艰难，她勇往直前。在久卧病床的丈夫面前，她从不面露难色，她以最朴实无华的方式诠释着爱情。花前月下式的浪漫爱情纵然使人向往，但这种相濡以沫的爱情岂不是更令人感动？谭仙殊用她的"不抛弃不放弃"告诉我们，请相信爱情，也请相信爱情的巨大力量，这力量足以支撑你去克服人生道路上的所有困难。

两个人因为爱情可以结合成一个幸福家庭，而无数幸福家庭聚在一起，也便有了我们的幸福城市。反过来说，我们建设幸福城市，应该为生活在其中的人们营造有助于催化和延续爱情的外部环境。但是，由于一段时间以来物质主义、拜金主义盛行，很多人迷失了自己，情感无所寄托，内心变得浮躁，连爱情也不幸"落难"。

当前，房价是最大的爱情杀手。很多人选择结婚对象，首先考虑的就是对方有没有房子，很多原本相亲相爱的情侣，却往往因为买不起房子劳燕分飞。爱情，变成了奢侈品。有的地方政府从 GDP 增长和增加地方财政的片面需要出发，明里暗里有意推高房地产价格，造成市民对房子的恐慌和焦虑感，产生了非常严重的恶果。高房价甚至导致啃老、拼爹、恶性攀比、收入不公平等一系列社会问题，把金钱至上、物质主义传导到社会每个阶层，以至全社会共同绑架了爱情。如果房价降低，也许情侣分手的几率就会大大降低，有了房子加固的爱情，一定会更加牢固。

目前大部分公园、博物馆、图书馆等公共设施都免费向市民开放，无疑这些给年轻人谈情说爱提供了良好的交流场所。但一段时间以来，会所消费、歌舞厅消费、影剧院消费成为某种高消费，我认为政府应该通过补贴等方式鼓励文化消费，文化娱乐场所也应该更多地面向普通市民，而不应该只是商务人士的专享。

逐步改善物质条件和环境无疑是增进年轻人幸福爱情生活的一个重要方面，另一方面，在思想意识和价值观方面也需要有一个积极引导。应该在全社会大力弘扬社会主义核心价值观，尤其要在年轻人当中大力推崇敬业爱岗、创新创造，比学习、比贡献、比境界的新风尚，摒弃享乐主义、金钱至上的小市民意识。

2. 浓浓的亲情

诗人但丁说，世界上有一种最美丽的声音，那便是母亲的呼唤。母亲是家的象征，是亲情的象征。而这种亲情，正是幸福的源泉。家庭，指的并不仅仅是一所能遮风避雨的房子，而是这所房子里的家人们之间浓浓的亲情。不同于其他感情形式，亲情是以血缘为基础的一种更加牢靠的感情，更是一种无私、不希冀回报的感情，是维系着每一个家庭成员、每一个家庭的看不见的"手"。

关于人们的社会关系，社会学家费孝通有一个"差序格局"理论，即亲疏远近的人际格局，如同水面上泛开的涟漪一般，由己延伸开去，一圈一圈，按照距离自己的远近来划分亲疏。无疑，在每个人的"差序格局"中，亲情和亲人处于距离自己最近的一圈。

亲情是一个幸福美满的人生不可缺少的情感元素。从呱呱坠地，到长大成人，谁都离不开亲情的呵护与关怀；从意气风发的青春少年，到步履蹒跚的垂暮白发，谁都无法离开亲情的安慰与帮助；无论你富可敌国，还是一贫如洗，无论你是身强体壮，还是羸弱不堪，任身边人来去匆匆，唯一留在身边不变的脸孔，仍旧是你的亲人。

一项调查研究发现，在所有影响幸福感的指标中，金钱不是被排在第一位，位列第一的是亲情。的确，一个人可以没有很多钱，但只要有亲情的滋养，就可以生活得很幸福。

马耳他是处于地中海的一个小国家，同时也是全球最幸福的国家之一。无论在其首都瓦莱塔，还是其他城市，人们的家庭关系都十分紧密，相互之间浓浓的亲情，抵消了贫困与动荡带来的苦难。走在瓦莱塔街头，在看到美丽的蓝天白云、悠长又安静的巷子的同时，经常会看到三五成群的一家人，脸上洋溢着幸福的微笑，幸福地走过。正如马耳他驻伦敦使节团的一名外交官所说："马耳他是个非常小的国家，那里的家庭关系非常紧密。无论你走到哪里，你都不会感到孤独。"[1]

相比之下，在英国等西方发达国家的城市中，尽管在过去的30年间，英国市民人均收入增加80%左右，但其幸福感却没有随之增加。自1973年到2006年，英国市民幸福指数只提高了1.36%。[2] 原因就在于，在英国等发达国家的城市中，亲情的逐渐消失，大大抵消了经济发展带给人们的幸福感。

亲情是人世间最宝贵、最甜蜜的感情之一，拥有亲情就是拥有幸福。从这个意义上来说，我们每个人生下来就拥有幸福。从我们国家的角度来看，其实中国自古就是一个讲究亲情、注重家庭传统的国家，可以说，中国是世界上家庭观念最强烈的国家之一。中国人所谓"家庭"，除了最核心的是父母、子女、夫妻和兄弟姐妹，扩大来说还包括亲戚。在19世纪70年代实行计划生

---

① 《马耳他——全球最幸福的国家》，《广州日报》2006年1月10日。
② 同上。

育政策前出生的多数中国人，都有兄弟姐妹和一些叔叔伯伯、舅舅姨妈等，这意味着很多中国人往往有一个"大家庭"。逢年过节，这个大家庭的成员之间都会相互串门、祝福，透着浓浓的幸福的味道，这就是中国式的家庭幸福。

有这样一种说法，中国的心理医生之所以没有美国等国家多，并非因为中国的心理学教育发展滞后，而是因为亲情具有缓解心理压力的功能。人们在压力之下形成的心理负担，不用去找心理医生，通过向家人倾诉，在亲情的关怀和纾解下，就已经完全释放，重新回到幸福的怀抱。

我们建设幸福城市，就应该为生活在其中的人们营造延续亲情的外部环境和氛围，让人们能够尽情享受亲情的滋养。但是，近年来，随着市场经济大潮的影响，以及在互联网大背景下，社交网络的兴起，给亲情带来更多挑战。一些年轻人为寻求个人发展，选择过背井离乡的生活，与父母亲人分隔两地，只能在春节等有限的假期，与亲人欢聚。而与父母生活在一起的年轻人，可能沉浸于手机或 ipad，无法专心与父母聊聊心事、谈谈工作。还有一些家庭因为成员经济纠纷或家庭琐事，相互之间矛盾重重……久而久之，亲情渐渐淡化，亲情危机出现。

面对这种情况，政府除了大力弘扬关注家人、关爱亲人的优良传统外，还应该完善社区服务，建立将专业调解、心理咨询、法律支持等融为一体的专业家庭矛盾调解咨询机构，做好家庭内部成员的矛盾调解工作，充当家庭的"和事佬"。

除此之外，我认为，政府还有义务为培育亲情氛围提供相应的政策保障，比如为年轻人的事业发展提供更多机会，让他们在自己的家乡、父母身边同样可以大有作为、依旧可以实现梦想，不至于背井离乡、离开父母。

亲情是人类永恒的话题，家庭是人世间最温暖的巢穴，一座亲情洋溢的城市才是最温暖的城市，一座每一个家庭都充满欢声笑语的城市才是最幸福的城市。

3. 真挚的友情

人生在世，除了和亲人不可分裂的关系外，最为重要的，莫过于朋友。有人说，爱人是路，朋友是树，人生只有一条路，一条路上多棵树。在爱的路上走累了，可以找棵大树靠一靠。友情是人生不可或缺的一个部分，而朋友这个词语，几乎是在汉语中应用频率最高的词语之一。但是，朋友究竟是什么？它对我们情感上的幸福又意味着什么？

对于"朋友"二字，每个人在不同的人生阶段会有不同的解释，孩子可能认为"把果子分一半"给他的人就是他的朋友；中学生可能认为一起打过球的人就是他的朋友；而当人成长、成熟之后，又会觉得可以和自己交换想法、沟通思想的人才是自己的朋友。对于友情，很多名人也曾表达过自己的观点。高尔基说，真实的十分理智的友谊，是人生最美好的无价之宝；莎士比亚说，有很多良友，胜于有很多财富；爱因斯坦说，世间最美好的东西，莫过于有几个头脑和心地都很正直的严正的朋友。

无论何种解释和表达，毋庸置疑的是，在人的一生中，朋友，特别是知心好友，是无可替代的情感幸福来源。武侠作家古龙认为，就是世界上所有的花朵，也不能比拟友情的芬芳与美丽。鲁迅也说道，"人生得一知己足矣，斯世当以同怀视之"。

生活在城市的人们，情感上的幸福离不开浓浓的、真挚的友情。工作日下班之后，或者周末，三五好友聚在一起，聊聊工作中的烦心事，聊聊最近的人生感悟，天马行空，无所不谈。这种生活看似平淡，实际正是在这看似平淡的交流中，我们得以分享彼此的情感、想法，得以释放工作和生活中的疲惫和压力。烦恼的事儿，说出来后也不觉得那么烦恼了；感觉难以承受的压力，有朋友分享后也觉得不那么可怕了，这就是友情带来的情感层面的幸福。

友情能给人以幸福感，是因为友情能消弭人在城市生活的孤独和无助。分享是朋友之间最常做的事情，朋友之间因为分享而了解，因为了解而理解，因为理解而彼此认同、彼此珍惜。由此，朋友之间可以相互倾诉、互相帮助。培根说，"把你的快乐分享给朋友，你会得到双倍的快乐；把你的忧愁诉说给朋友，你会减少一半的痛苦。"友情不仅可以化解矛盾、忧愁和烦恼，还可以增加战胜困难的勇气和力量。中国有古话叫"一个好汉三个帮""在家靠亲人，出门靠朋友"，凡是成功的人总有几个好朋友帮助，他们常把自己的成功归功于朋友的支持。

友情能给人以幸福感，还因为友情能给人带来真诚的理解和信任。虚假的友情不仅让人失望，更让人心痛，只有真挚的友情才能给人幸福。春秋时期管仲和鲍叔牙的友情流传千古，也让我们看到了友情给人的理解和信任。

管仲出身贫寒，和鲍叔牙一起做生意。每次两人分钱时，管仲都要多分一点，但鲍叔牙从来不计较，更不以为他贪，因为他知道管仲是因为生活艰难才如此。后来他们二人都弃商从政，管仲几次做官都被君王罢免，但鲍叔牙从不以为他没有才能，而是认为他还没有碰到合适的机会。管仲从军，几次上战场都当了逃兵，有人将此事告知鲍叔牙并取笑管仲为懦夫，鲍叔牙却说，因为管仲尚有老母要奉养，自然惜命。对于鲍叔牙给予自己的理解和信任，管仲感叹道："生我者父母也，知我者鲍叔牙也！"

友情能给人以幸福感，还因为友情能实现快乐人生的共享与传递。美国迈阿密是一座世界知名城市，也是一座充满友情的城市。这里的市民悠闲地享受着生活，因为彼此之间的共同爱好而结成了一个又一个的圈子，比如冲浪圈、烧烤圈、游泳圈、潜水圈……这样的圈子彼此之间交错、联系，构成了这个城市的基础，也影响着整个城市的气质。每到周末，人们会聚集在一起，进行自己喜欢的活动，在阳光和海风中，感受着友情带给他们的快乐。

我们建设幸福城市，就有责任为生活于城市中的人们能够保持、享受真挚的友情提供必要的环境和氛围，让每个生活在城市中的人都能够收获一份来自友情的幸福。近年来，随着智能手机的普及，朋友圈的活动开展更加便捷，众多有着共同爱好的朋友在假期相约而行，给生活增添了无限的乐趣。但是，随着社会竞争越来越激烈，加上"朋友就是被利用的"等不正确友谊观的影响下，友情开始渐渐变了味道，不再真挚：由于工作繁忙，时间几乎全部被工作占去，朋友之间很少或几乎不再联系，友情渐渐变淡；为了工作职位晋升，或获得更多的经济利益，很多朋友相互倾轧，反目成仇；人们在选择朋友时，不再以志趣相投为标准，而是看对方有没有钱、有没有资源。在攀比心态之下，朋友之间不再是"只要你过得比我好"的互相关心，而是"只要你过得比我好，我就受不了"的相互忌妒。

人们一旦失去真挚的友情，便难以获得情感上的幸福。作为城市管理者的政府，应该积极组织动员力量来做好关于如何建立健康良好人际关系的教育引导工作，促进市民之间形成良好的合作关系、健康正确的友谊观，坚决抵制那些利益化、商业化的不正确友谊观，促进市民之间形成友爱、互助的良好气氛，构建一个充满友情的幸福城市。

4. 社会的温情

温情，是人与人之间温馨真挚的感情，能够在别人需要帮助时伸出援手，让人感到温暖。爱情发生在恋人和夫妻之间，亲情发生在亲人之间，友情发生在朋友之间；温情发生的范围更广，既可能在熟人之间发生，也可能发生在陌生人之间。

一座城市是否幸福，也要看这座城市是否有温情。城市的温情，其实就体现在我们不经意的小事中。如果天气变冷，就算还未到供暖的日子，城市也能让暖气早点热起来；冬天的早晨天亮得晚，城市的路灯关迟一些，让早起上班的人们和早起上学的学生，能够方便出行……温情是一座城市中人们的善良和爱心的表达。一座充满温情的城市，会让生活在其中的人们产生强烈的归属感、关怀感和幸福感。

一座有温情的城市，绝不会将城市居民分为三六九等，不会歧视外来人口，而像一位胸怀温暖宽广的母亲，给予城市的每位居民以同样的照顾和温暖，让身处其中的每位居民都能产生强烈的归属感。威海，就是这样一个拥有温情的幸福城市。

威海城市面积虽然并不大，却有着儒家文化惊人的包容性，不管你来自何地，都会受到威海人真心的关怀，整个城市也充满着温情的色彩。早在 2008 年，威海便出台政策安排外来务工人员子女全部就近入学，到 2011 年，威海的外来务工人员的子女甚至可以全部免费入学。[1] 仅凭借这一点，便可以看出威海这座城市中的满满温情，让人陶醉。对于那些为梦想而来的人们来说，威海这座新城就是自己的家，这点绝对不是虚言，而是其发

---

[1] 《威海创造条件 4.5 万外来务工人员子女就近入学》，《威海日报》2014年 1 月 3 日。

自内心的真实感受。威海也因此被联合国评选为最适合人类长期居住的城市，并且荣获了联合国人居奖。值得一提的是，在威海之前，没有任何一个中国城市能够同时获得此项荣誉。

一座有温情的城市，绝不会将资源全部分配给那些在政治地位或经济地位上处于社会最高层的人群，而忽视弱势群体。在倡导公平竞争、争取效率的同时，这座城市一定还能够兼顾到弱势人群，为他们送去温暖和关怀。

莫斯科留给人的印象仿佛是冰天雪地，但是在这里，每个市民都拥有着一颗温暖的心，并且用自己的"热量"感染着周围每个人。每年冬天，市民都会来到教堂，捐赠一些衣服、食物。无家可归者和生活窘迫者可以随时前来领取他们需要的东西。更令人称道的是，没有一个受捐赠者会多拿一丝一毫，而是将其留给下一个需要帮助的人。也许正是俄罗斯市民心中对于他人的关怀感动着每一个人，静谧的幸福气息一直笼罩着整座城市。

一个有温情的城市，也绝不是城市管理者一味提供某种"温情优待"，而是所有城市居民相互温暖，共同营造一个温情的城市氛围。

有些人可能会觉得，社会温情应该是社会给予我们的，把自己放在了一个享受者的位置。其实，我们每个人作为城市的一分子，都应该成为城市温情的建设者和提供者。在释放传递城市温情方面，河南郑州一位张姓"的哥"的做法可圈可点，值得人们学习。

张师傅开出租车刚一年时，发现很多乘客对郑州"的哥"的评价不高，不仅称他们态度不好，还指责他们经常"宰"客人。因此，他想通过自己的努力，改变郑州"的哥"的形象。为方便乘客，他在自己的出租车上准备了五六本杂志，包括娱乐性杂志和新闻类杂志，以满足不同乘客的兴趣；准备了纸巾、创可贴、一次性雨衣等生活用品，以备乘客的不时之需；准备了留言簿，乘客可以在上面任意涂写心情，提意见、提建议。不仅如此，遇到心情不好的乘客，张师傅还会给唱歌、讲笑话，来安慰、开导他们。张师傅的贴心服务，让乘客们纷纷赞叹乘坐出租车的过程十分温馨。对乘客们的认可和称赞，张师傅本人也感到很满足。他在闲暇的时候，会翻看那几本写满"感谢"的留言簿，脸上总是会洋溢幸福的笑容，感觉人和人之间充满了温情。

要让一座城市有"温度"，离不开每位市民的努力，无论是物质帮助还是精神鼓励，无论是一个微笑，还是一把援手。除此之外，城市管理者们的理念倡导和实际行动也十分重要，要少做"雪上加霜"的事情，多做"雪中送炭"的事情，形成互相关心、互相帮助的友爱氛围。

"知屋漏者在宇下"，只有格外关注市民的困难，真正想市民之所想、急市民之所急，为市民解决实际问题，才能温暖人心，让我们的城市不仅有漂亮的经济增长指数，也有暖暖的"温情指数"。在这温情的背后，体现的不仅是一座城市的包容精神和博大、慈祥的胸怀，更是一种平和而积极的生活态度。

郑板桥在一首诗中写道："衙斋卧听萧萧竹，疑是民间疾苦声。些小吾曹州县吏，一枝一叶总关情。"城市管理者对于市民的疾苦，若是也能有这样的情怀，何愁城市没温情，人们不幸福？

第三节　精神幸福：幸福城市的最高境界

在西方发达国家，物质主义是人们普遍接受的主流文化。但是，物质繁华背后，常常是人的异化与被挤压。心理学家马斯洛曾指出"实现潜能是个体获得幸福的重要途径，但是人们经常抛弃自我实现的目标去追求物质享受"。

在马斯洛需求理论中，自我实现这个精神层面的需求处于最高层次。我们的生活离不开物质，更离不开精神。精神是促进人类社会发展的动力，精神幸福比物质幸福更重要。

一座城市的经济再发达，市民的物质生活再充裕，如果市民缺少精神幸福，也不能算作真正的幸福城市。在物质生活得到保证的情况下，作为城市的主人翁，市民应该能够体会到被尊重感，自我价值和梦想有实现的基础，而且对城市有一种自豪感。这样一座能让市民体会到精神幸福的城市，才是真正的幸福城市。

1. 主人翁：我的城市我做主

如果说城市是人类生产力的集合地和文明的诞生地，那么，市民是其中最为活跃的一部分，而且是最为重要的组成部分。市民是城市的核心，没有市民，城市只不过是"钢筋水泥森林"，纵使高楼大厦鳞次栉比，交通四通八达，却因为缺少人而毫无生机和活力。

在我们以往的印象中，城市建设可能完全是政府的事情，是国家的事情，老百姓只要踏踏实实地过自己的日子就可以了。但是，随着时代的进步和社会的发展，人们的自我意识不断提高，"我的城市我做主"的思维也逐渐成为主流。只有敢于发出自己的声音，并加入到城市建设之中，市民才有可能拥有一座符合自己梦想的幸福城市。

正如毛泽东所言："天下者，我们的天下；国家者，我们的国家；社会者，我们的社会；我们不说，谁说？我们不干，谁干？"

幸福城市建设，要靠你我他，大家一起努力。小农经济的"各顾各"的"一亩三分地思维"无法成就幸福城市。

作为城市主体的市民，如果拥有对城市发展建设的话语权，他们将拥有"当家做主"的幸福感。

话语权是一项权利，也是一项权力。法国后现代思想家米歇尔·福柯指出，人与世界的关系是一种话语关系。话语权的权力，给予人更多的被尊重感。德国近现代社会学家马克斯·韦伯认为，权力是一种影响他人和制约他人的强制力。由此来说，话语权的本质要求，其实是民主和自由。[1]

2008年，三十多位市民受邀前往广州市政府，作为市民代表参加关于广州城市规划建设的决策会议。在这场会议召开之前，许多人提出质疑，会议的结果是不是已经提前内定？这场会议是不是只是流于形式的一场"作秀"？但是，会议的进程和结果很快否定了这些猜疑和揣测：广州市政府相继提出了5个城市建设方案，其中2个被市民代表当场否决，会谈中，市民代表提出了许多尖锐的意见，"火药味"十足，纷纷对广州城市建设表达自己的观点。一位市民代表对广州市建立大型化肥厂的方案提出了强烈质疑，认为在人口密集区修建化工企业会导致环境污染，是一种错误的做法。在市民的呼声下，市政府领导当场认可了这一说法，并且表示尽快进行科学、客观、真实的评估。另一位市民的发言更是激烈，他表示，广州市政府为了赶建亚洲运动会场所，耗资甚巨，经常半夜施工，极大地干扰了市民的生活，而且有些工程没有进行评估便匆忙"上马"，是对纳税人的不负

幸福城市才是最好的城市

---

[1]　莫勇波：《论话语权的政治意涵》，《中共中央党校学报》2008年第4期。

责任……①

在以往的城市建设中，这种"人人拥有话语权"的现象极为罕见，政府能够敞开决策大门认真听取市民的意见，本身便是一个极大进步。对于市民而言，对城市建设的决策发表意见，也是一个极为难得的机会。广州市民代表利用这次宝贵的机会发表自己的意见，充分体现了"我的城市我做主"的主人翁精神。

国外一些城市在建设中，也向来重视公众参与。在美国，公众参与是政府决策的重要步骤，并且贯穿在城市规划的整个过程中。美国很多城市都设有"小区规划办公室"，专门为政府的城市规划采集市民意见，同时也向市民发布政府的相关信息。在芝加哥市，政府还聘请市民成立"市民小组"作为顾问，后者对政策措施有否决权，比如今年是否举行万圣节游行、是否对未成年人实施宵禁等，甚至还有许多令人忍俊不禁的提议，比如为解决某个社会问题让全体市民剃光头等。

德国城市建设也非常重视市民参与，听取市民的意见。对于城市建设规划方案，地方政府通常通过市民圆桌会议、市民代表会议、课题调研、市民听证会、网络调查等形式，听取市民的意见。对于合理的意见，政府会通过合法的程序将其吸收到方案中。对于争执不下的看法，最终要通过议会进行表决。近年来，债务危机引发社会危机，一些欧盟国家先后发生了骚乱、暴乱，但是德国却能保持稳定，与德国基层政府善于听取民众意见，给每个人发言的机会不无关系。让市民参与到城市建设中，让市民体验到被尊重的幸福感，无疑是化解矛盾、促进社会稳定的重要

---

① 吴璇、卢冰其等：《市民有份参与城市规划决策》，《新快报》2008 年 4 月 24 日。

因素。

城市是市民的城市，要让市民真正成为城市的主人，就要让市民真正参与到城市的规划和建设中来。只有群策群力，发挥最广泛市民的热情和积极性，将全市的力量和智慧集中并且应用于一点，城市才能得到更好的规划、赢得更幸福的未来。

如果市民拥有对政府公职人员的监督权，市民的尊严和权利得到充分体现，市民将成为城市中的幸福主人。

作为一种权力，监督权是公民参与幸福城市建设一项不可或缺的内容。为什么要对政府实施监督？一言以蔽之，就是对政府权力的制约。法国政治学家孟德斯鸠提倡监督权力，他认为"一切有权力的人都容易滥用权力，这是万古不易的一条经验……要防止滥用权力，就必须以权力约束权力"①。马克思主义关于人民监督的思想，也继承了"以权力制约权力"学说的合理因素。毛泽东与黄炎培在 1945 年 7 月的一段发人深思的对话，也显示了监督的重要性。当黄炎培问毛泽东如何克服"其兴也勃焉，其亡也勃焉"的周期率时，毛泽东回答，"只有让人民来监督政府，政府才不敢松懈"。②

通过实施监督权，市民在推动城市建设的过程中，才能真正维护自己的合法权益、体会到"当家做主"的感觉。一个城市想要建设成为幸福城市，就应该创造各种条件，让市民来监督城市政府公职人员的工作。

温州是一座三面靠山、一面靠海的城市，古代称瓯越。这里没有优越的地理环境和丰富的自然资源，却凭借当地人吃苦耐劳

---

① 安力志：《权力别有"兽性"，社会不能成丛林》，《南方日报》2010 年 11 月 23 日。

② 《只有让人民监督政府才不敢松懈》，《重庆晚报》2009 年 7 月 19 日。

和敢为天下先的魄力，成长为中国民营经济最发达的地区之一。近年来，在一如既往发展经济的同时，温州市在都市建设、文化强市建设、经济转型升级等方面大做文章。在建设城市中，温州市注重市民的参与感，鼓励市民对政府实施监督。2010 年年初，温州市为市民搭建舆论监督平台——"有话直说"节目，引入市民作为评论员，点评政府和公职人员行为。2011 年，"有话直说"节目还邀请市民监督员，在现场质询相关责任部门，并提出自己的意见和建议。截至 2012 年 8 月底，在市民监督督察的 130 多个案件中，80％以上得到落实或有明显进展，50 多个案件得到圆满解决。①

市民的监督，好比是为幸福城市建设安装上"摄像头"，让政府和公职人员不敢有丝毫怠慢与越权。而在实施监督的过程中，市民的话语权和主人翁意识得以充分展现，市民找到了存在感。眼看身处的城市，因为自己的参与变得一天比一天美丽、富饶，每天体会到主人翁的感觉，怎能不幸福？

幸福城市其实不仅是一种结果，更是一个过程。市民参与幸福城市建设的过程，本身就在体验幸福。

2. 自我实现：我的城市我的梦

就哲学传统而言，有关幸福的理论可以归结为两种基本类型，即快乐论和实现论。快乐论认为幸福是一种快乐的体验，实现论则认为幸福不仅仅是快乐，更是人潜能的实现，是人的本质的实现与显现。在实现论看来，幸福是客观的，不以人的主观意志为转移的自我完善、自我实现、自我成就感，是自我潜能的完

---

① 　王洁：《打造群众监督品牌助力新闻监督报道》，《新闻世界》2013 年第 7 期。

美实现。

马斯洛在需求层次论中也将自我实现的幸福作为最高层级的需求，是人类最终的需求。在幸福层次上，我认为自我价值实现是最为高级的幸福体验，一旦人们通过努力真正实现了自己的价值，将获得最为强烈、持久的幸福感。

在城市，几乎每个人心中都有着实现自我价值的追求。而自我价值的实现就是自我最终梦想的实现，比如成为一名画家、成为一名成功的商人、成为一名科学家等。一个幸福城市，总是能让尽可能多的市民实现自我价值，从而让其体验到幸福感。80 后小伙子叶秋华在 2005 年因为爱情来到北京，赤手空拳打天下，如今他是拥有 5 所分校的民办教育机构的董事长，是东城区青联委员，并就读北大 EMBA。回顾刚到北京时，他住地下室，每天，与女朋友只能分享五块钱伙食费，在寒风凛冽中穿着单衣单鞋满街跑，去寻求给人做家教的机会。但就是靠着自己奋斗，现在，他已经有车有房有存款，拥有幸福美满的家庭。包括曾经因为怕女儿受苦坚决不同意女儿跟他来往的岳父母，也露出了满心欢喜的幸福笑脸。叶秋华由衷感谢北京这个充满生机和活力的城市给了自己实现梦想的机会和舞台。城市，正是靠着这种为每个人提供机会的魅力吸引着心怀远大梦想的年轻人。自我实现，是城市居民潜能的提升，带来的是成就感和自豪感。

北大保安甘相伟"站着上北大"的励志故事也非常感人。这个来自湖北农村、高考失意的年轻人，在北大一边当保安一边刻苦学习，最终考上北大中文系，书写了自己精彩人生。实际上，北大保安队伍里考上北大的不止甘相伟一人，有数据称，北大保安队先后有 500 余人考上了北大的大专或本科，甚至有人考上了研究生。如果不是来到城市，如果不是借助北大的学习平台，他们的人生还会这么精彩吗？不得不说，是城市让更多人找到了人生出彩的可能。因为这里经济发达、人才聚集，有大把的学习、工作和创业机会，只要你敢去闯，就一定能创造自己的精彩人生。与那些世界级的文化、科技巨擘相比，他们的人生也许算不得什么，但那是属于普通人的"最精彩"。

在城市打拼有愉悦，也有着难以言表的心酸：艰难的上班路、高昂的房租、孤独的心灵……但是，当我们看到这些走在成功道路上的"打工族"和"创业族"的时候，却能从心中感受到深深埋藏的那份快乐：坚持自己的梦想，追求自己的梦想。看着自己的梦想距离自己越来越近，这难道不是人生最大的幸福吗？

城市居民能否自我实现，除了离不开自身努力之外，政府的政策支持十分必要。我们建设幸福城市，就应该为生活在这里的市民，提供更多施展自我能力、进行自我实现的广阔平台。比如，深圳市政府为众多的城市居民实现梦想提供了许多便利条件，推出了"深圳青年创业基金"等项目，让市民在政府的帮助下去自由地追逐自己的梦想。为了让更多年轻人能够在深圳扎根，提供了一个"硬件"完善的舞台，深圳市政府还不断推出廉租房、青年户籍改革等政策。

幸福城市，就应该把市民的自我实现当成一项重要任务，千方百计帮助市民完成自我实现。生活在一座城市中，市民的工作和生活可以很忙碌、很辛苦，但只要这座城市能够为市民提供实现梦想和理想的舞台和机会，帮助他们实现自我价值，这座城市就是真正的幸福城市——一座能让市民体会到高层次幸福的幸福城市。

3. 城市品牌，我的城市我自豪

城市品牌，指的是一个城市在推广自身城市形象的过程中，根据城市的发展战略定位传递给社会大众的核心概念，并得到社会的认可。通俗地说，城市品牌就是体现一个城市丰富的经济文化内涵和精神底蕴，区别于其他城市的独特标志。

城市品牌，也可以理解为城市名片。新加坡的城市品牌是什么？我们知道是"花园之城"，并且深知这不是一句简单的口号，新加坡的绿化率世界闻名。人们一提起维也纳，都知道是"音乐之都"，悠久的音乐史和灿烂的音乐文化，让这座城市当之无愧。

城市品牌的建设对于城市发展十分重要，特别是对于幸福城市的建设，发挥着重要作用。一个成功的城市品牌，可以大大增强市民的凝聚力和向心力，强化市民对这座城市的归属感和自豪感。

一座城市如果能让生活在其中的市民深深地喜欢，并且一提起来就感到骄傲和满足，从某种意义上讲，这种骄傲和满足就是一种莫大的幸福。一句"我是杭州人"，不仅仅是一句口号，更是一种幸福的宣言。一句"我是昆明人"，也道出了一种"四季如春"式的幸福。而且，从城市品牌提高城市知名度的角度讲，城市品牌本身就是一种无形资产，是一种强大的竞争力，对城市未来经济的发展显然也十分重要，而经济发展则是幸福的重要基础。

但是，遗憾的是，直到今天，我国城市的城市品牌建设还相对滞后，对城市品牌这一概念的认识也存在偏差。比如，一些城市的管理者，片面地把城市品牌理解为城市的美观，或者是把城市品牌简单地理解为一句口号，没有对城市品牌进行科学的提炼和系统地规划。有的城市则照搬国外,照猫画虎,反而落得不伦不类。

一个成功的城市品牌,一定是最贴合城市特征,体现城市诉求的"综合体"。

杭州的城市品牌是什么?人间天堂?其实,这顶多算是杭州的一个美誉,杭州真正的城市品牌是"生活品质之城"。2006年,杭州市启动了城市品牌大征集。这次征集历经半年时间,经过了社会征集、专家评审和市民投票多个环节。在征集到的4620个品牌中,最终脱颖而出的便是"生活品质之城"。何谓生活品质之城?这体现了杭州以人为本、以民为先的思想。打造城市品牌不是面子工程,也不是口号工程,而是要切实提高市民的幸福。生活品质,具体而言包括五大品质,分别是经济生活品质、文化生活品质、政治生活品质、社会生活品质、环境生活品质。但是对于杭州的"生活品质之城"这一品牌,很多人并不清晰,因为人们对于杭州作为"生活品质之城"这一品牌特质还不是印象很深。可见城市品牌的规划、建设、提炼和推广是一个需要长期坚持的漫长过程。

一个城市品牌的打造,需要经过诸多环节。首先,要制订一个城市品牌战略规划,为建立城市品牌制订一个蓝图,确定规划的目的、参与部门分工、时间进程等内容;在制订战略的基础上,开始实施调研,研究城市的资源优势、市民意向、未来发展等方面,了解市民以及国内、国际社会对城市的评价;在调研的基础上,确定城市定位,形成城市鲜明的品牌个性;同时,还要确定城市品牌的核心价值观,它代表了城市为全体市民带来最大的利益。

在推广城市品牌时,首先要确定目标市场,比如同样是国际大都市的城市品牌，香港推广目标市场选择在欧洲和加拿大等海外市场，推广效果比在北京、上海推广更好；在城市品牌的推广过程中，城市应该加大力气围绕城市品牌进行城市建造，以使城市品牌更加名副其实；还应该为城市品牌设计一个视觉标志，比如香港的品牌识别由标志、中英文以及其他应用组成，反映出香港东西方文化兼容并蓄的特色；进入全面推广时，要根据目标市场制定相关的推广策略，从所在城市开始，采用媒体、举办活动等方式进行公关宣传。

城市品牌塑造需要一个持久的过程，所以，政府还应该设立专门机构，进行品牌推广的监管和指导，这不仅可以通过市场反馈来调整品牌规划战略，还可以预防城市品牌推广出现虎头蛇尾的结局。

一张响亮的城市名片，昭示着一座城市的精神面貌，也洋溢着一座城市中人们心中满满的幸福。人们为自己的城市感到自豪，因自己的城市而幸福，也必将为这座幸福城市的未来建设贡献出自己的汗水和智慧。

打造幸福城市，也是给城市品牌作最好的宣传和见证，给城市建设带来源源不断的动力。

曾看到一项调查，伦敦的居民，更愿意自称是"伦敦人"而不是"英国人"。有近四分之三的居民表示，很高兴自己生活在伦敦。分析认为，一个重要的原因就是伦敦比英国其他城市更像国际大都市，既有传统又兼有多种文化，有很强的包容性，心胸更加开放。来到这里旅行者总可以找到来自本国的其他人，找到本教的教堂、清真寺或寺庙，也能找到老家的饭馆，完全可以按自己的方式生活。这就是世界上有众多受过良好教育的人云集于此的原因。此外，在伦敦，各式各样的文化活动都会受到不同程度的欢迎,如诺丁山狂欢节、公园舞会和白金汉宫的卫兵轮岗仪式,等等。我们要建设幸福城市,也要为自己的城市多找亮点,多寻特色,为城市添更多风景线,向外界传播更多城市的"好声音"。

自《瞭望东方周刊》推出 2007 年中国(内地)最具幸福感城市评选,2008 年至 2013 年,长春连续 6 年被评选为"最具幸福感的城市"。幸福城市已经成为长春的城市品牌。每年,有数千万的游客慕名前来长春欣赏美景,感受这座幸福城市带给人们的美好感觉。由此也大大推动了长春经济的发展,自 2009 年到 2011 年,长春高新区取得丰硕的招商引资成果,三年内引进资金 634.7 亿元,是之前 18 年总和的 2.07 倍。① 为继续打造"幸福城市"这份城市品牌,长春市政府再接再厉。2008 年至 2013 年 6 年间,长春市政府将群众最关注、最迫切的问题,纳入民生行动计划,为市民解决了 700 多件实事;不断强化基本公共设施建设,让市民公平享有完善的创业就业政策、优质的教育资源等一系列基本公共服务;动员全体市民的力量,推动城市文明建设……让长春这座城市到处充满幸福和爱的暖流。②

城市品牌给市民带来的是城市自豪感,是精神上的幸福感,是城市管理者和市民共同追求的最高目标。值得说明的是,打造一个幸福城市的品牌,绝非一日之功,绝非一人之力,需要城市管理者和全体市民长期不懈的努力!

---

① 《长春高新区招商引资多措并举项目带动经济腾飞》,新华网吉林频道 2012 年 3 月 28 日。

② 刘文波:《长春百姓感觉挺幸福》,《人民日报》2014 年 11 月 22 日。

2008 年 11 月，考察荆州，与湖北省委书记李鸿忠亲切会谈

2011 年 12 月，考察银川，与宁夏回族自治区副主席刘慧亲切会谈

2010 年 3 月，考察三亚，与海南省委副书记、省长罗保铭亲切交流

2008 年 5 月，考察黄山，与安徽省长王三运亲切交流

第四章 四大支柱：幸福城市的保障

　　现在，越来越多的城市喊出了"建设幸福城市"的口号，那么，建设幸福城市的主体是谁？是不是只事关政府？建设幸福城市，政府当然责无旁贷，但是，建设幸福城市是一项涉及范围广泛的系统工程，而人民群众又是历史的创造者。建设幸福城市，人民群众的力量缺之不可。

　　概括起来，建设幸福城市的主体应该包括政府、市民、企业和非政府组织。这四大主体的责任各有侧重——政府为主导，市民是主力，企业做先锋，非政府组织作补充，但四大主体又有着共同的目的，那就是为幸福出发。

　　众人拾柴火焰高，在建设幸福城市的过程中，唯有各方共同努力，才能早日实现建设幸福城市的美好愿景。"一个人走，可以走得很快；一群人走，可以走得更远。"这是网络上的流行语，用在幸福城市建设中再恰当不过了。

第一节　政府为主导

　　党的十八届三中全会中通过的《中共中央关于全面深化改革若干重大问题的决定》提出，要让市场在资源配置中起决定性作用，并强调要更好地发挥政府的作用。

在建设幸福城市的过程中，同样要发挥市场这只"看不见的手"的决定性作用，它对提高效率、促进公平意义重大；也要更好地发挥政府这只"看得见的手"的重要作用，目的是为了保证效率和公平。

"看得见的手"，具体到城市管理方面，政府主要有决策、组织、协调、控制和监督职能。所以，在建设幸福城市中，政府承担着主导作用，既是规划者，又是组织者，还是服务者。三种角色、三种职能，三位一体，才能带领大家一起向幸福奔去。

1. 政府：幸福城市的规划者

凡事预则立，不预则废。在带领老百姓实现自身愿望的过程中，作为带头者的政府，需要对所有要做的事情进行规划，避免胡子眉毛一把抓，避免只顾眼前利益而损害长远利益。

城市的发展，既是社会经济发展的过程，也是人类对居住环境进行规划安排的过程。我国最早的城市规划学说见于战国时期的《考工记》、《墨子》等典籍之中。在《考工记》中，确定了"都""王城"和"诸侯城"的三级城邑制度，还对用地的功能进行了区分；在《墨子》中，不仅记载了城市的攻防术，还记载了城市规模与城郊农田和粮食储备的关系。中国古代的城市规划，偏重城市与自然的结合，为以后的城市规划积累下丰富的经验。

西方的城市规划，起源于工业革命之后。工业革命带来的人口聚集和规模效应，使得人们开始关注、布局居住空间。19世纪末，"田园城市流派"代表人物英国人埃比尼泽·霍华德，倡导建设兼有城市和乡村优点的理想城市。由此来说，在起点上，中外城市规划特色竟然有惊人的相似。

无论在中国城市，还是西方城市，作为城市管理者的政府，都应该是城市规划的主体。一个出色的规划者，应当在研究城市未来发展的基础上，对城市进行合理布局，综合安排城市各项工程建设，为一定时期内城市发展描绘出一幅蓝图。具体来说，包括对城市的经济结构、职能机构位置、空间结构发展进行规划。

政府对当地经济结构做出科学规划，能够推动经济快速、可持续发展，让市民享受经济发展成果，生活得更加富足。

上海是中国最大的经济中心城市，也是当今中国经济最发达的城市之一。上海市民在感受经济发展带来的经济收入提高、商业发达带来的生活便利的同时，幸福感与日俱增。上海市经济的飞速发展，和市民的幸福感，源自建国初上海市政府对经济结构进行科学的规划。1949 年新中国成立后，上海从实际出发，结合国家下达的经济发展的任务，对产业结构、生产布局和企业组织等方面进行规划，即产业结构从以轻纺工业为主，向综合性工业基地转变；从以第二产业为主的"二、三、一"产业结构，向第二、第三产业共同推进的"三、二、一"产业结构的转型。在合理经济规划的推动下，今天的上海已经完成从工业城市向多功能经济中心城市的历史跨越，发展成为以现代服务业和先进制造业为重点的经济、贸易、金融中心，朝着现代化国际大都市的目标迈进。

政府对城市职能机构位置进行科学规划，既有利于对不同城市组成部分的职能进行有效划分，保证城市的有序发展，又能够为市民生活提供诸多便利，让他们因城市规划的科学合理而受益。

伦敦是世界闻名的大都市，也是一座历史悠久的城市。曾经有无数次的天灾人祸降临在了伦敦头上：从 14 世纪到 17 世纪，伦敦遭遇过泰晤士河洪水、全城大火、黑死病、地震等磨难，"魔鬼"几乎将自己能够使用的所有手段都施展到伦敦身上。但是，伦敦人民没有屈服，当时的英格兰政府也没有屈服，不管面对天灾还是人祸，他们总是想尽一切办法去维护这个城市的发展。更为让人钦佩的是，伦敦政府有意识利用重建的机会进行了城市规划：沿着泰晤士河以白金汉宫为核心的周边是各政府机关，这里风景优美，还建有许多公园，是伦敦市的政治中心和生活休闲中心；再往外是安静的民宅，市民在这里享受的是安逸而幸福的生活；居民区以外便是布满各种商铺的商业区，来自世界各地的商人在这里兜售各种产品；工业区处于城市圈的外延，这里布满着各种工厂，支撑着英国的经济基础，并且孕育着史诗般的工业革命；农业区处于城市的最外延，充满田园风光的景色不仅是市民假日休闲的场所，也为伦敦城提供了大量的新鲜农产品，维护着整个城市的命脉。

即使是在数百年后的今日，伦敦城当年的重建和规划仍然还是教科书中最为经典的案例之一。由废墟上绽放现代城市文明之美的伦敦，离不开伦敦政府的长远科学规划。

除英国伦敦之外，巴西首都巴西利亚，也值得我们去了解和学习。巴西利亚被誉为"南美最美的城市"，但是很少有人知道，这座城市的历史仅仅有 60 余年，其建立之初的目的便是为了避免城市病的产生，也正是因此，整座城市在建立之初便进行了科学、系统的规划。

巴西利亚政府将城市的轮廓设计成一架飞机的外形，把城市的不同功能进行了分解组合，将其摆放在不同的功能区域："机头"部分是总统府、联邦最高法院和国会的所在地，即著名的

"三权（立法权、执法权、司法权）广场"；"前舱"两边是政府各部的办公大楼以及和平大教堂和国家剧院。这种有序的安排和集中的布局，大大提高了国家政治机构运转的效率。向南北伸展长达16公里的"两翼"是平坦宽阔的立体公路，沿路排列着规划整齐的居民区、商业网点、旅馆区等，为市民生活提供了诸多便利。另外，巴西利亚政府还在城市中心规划了一条近十公里长的城市中轴线，留足了未来几十年城市建设可能发生的变化调整空间。①

　　游走在巴西利亚的每一个角落，你会亲身感受到这座诞生于二十世纪初的城市所凝聚的人类城市建设规划的智慧，看到市民们的笑脸和快乐。这座城市的幸福，固然有着市民的努力，但是政府科学、合理的规划则是这座幸福城市得以实现最为直接的推动力。

　　政府对城市空间结构进行合理规划，能够在最大程度上避免城市因地理空间位置不当而遭受侵害，让身处城市的每一代居民都能受益无穷。

　　每年雨季，中国的很多城市会遭遇内涝，尤其是南方的江西、广东、广西等省份，更是容易被暴雨侵袭。同样是容易被暴雨袭击，江西省的千年古城赣州市却从未发生过水涝，市民生活丝毫不受影响。这是因为直到现在，赣州还受益于宋代的城市规划。

　　据史料记载，在宋代之前，赣州城也常年饱受大水之患。北宋时期，一位名为刘彝的官员在这里任职时，对赣州城区街道进行了周密的规划和修改。根据当时街道布局和地形特点，他采取

---

①《巴西利亚：两个设计大师的城市》，《深圳特区报》2007年7月6日。

了分区排水的原则，在赣州城铺设了两条排水干道系统——福寿沟。在刘彝的规划下，福寿沟利用赣州地形的高差，采用了自然流向的方式，使得城中的雨水和污水能够自然排到江中。

古人如此精明的规划设计，让今天的我们仍然叹为观止。由此可见，科学合理的城市规划不仅能够造福当代，且能造福后世。合格的幸福城市管理者，一定是优秀的城市规划者。

2. 政府：幸福城市的组织者

规划和组织，两者之间有何不同？规划是为未来的发展做出整体计划和指导，而组织则是根据既定的目标和任务，调动和整合各种资源，将组织内部各个要素联结成有机的整体，使人财物得到最合理的使用。

在建造幸福城市过程中，政府在制定相应科学规划后，并非算履行完成其职能，还应该发挥组织作用，组织城市内各职能部门、城市市民以及其他资源一起加入其中，为建设幸福城市而努力。

火车跑得快，全靠车头带。每个职能部门、每位市民的力量都是分散的，但经过政府的组织，凝聚在一起，共同出力，幸福城市的建设也就更快一些。

石河子坐落于边陲新疆，恶劣的自然环境并没有让市内遍布黄沙，其优美的街道和整洁的环境甚至让人感觉仿若置身于青岛、杭州这样宜人的城市。这与石河子政府积极发挥组织作用是分不开的：筹集资金，组织力量加快进行市政基础设施建设，加快旧房危房改造，扎实推进"城中村"的改造与建设；不断组织专家设计城市建设方案，精心组织实施城市"绿、亮、洁、美"工程，对部分市区道路保洁、绿化管护进行市场化招标，以促进城市环境保护；与周边城市展开交流合作，组织更多的力量，深化隐患排查治理和"打非治违"等专项行动，不仅为市民创造了美好的自然环境，更提供了安全的生活和工作环境。

石河子政府在城市建设中，将城市"组织者"的角色表现得淋漓尽致——组织动员所有力量，一起拧成一股绳，将资源集中到一处。在政府的组织作用下，石河子城市的建设也取得了满意的成绩：2000 年，联合国"迪拜国际人居环境改善良好范例奖"花落石河子；2001 年，石河子荣获首批"中国人居环境奖"；2002 年，石河子因其完善的城市绿化体系而被评选为"国家园林城市"。①

幸福城市建设的组织，不能只侧重于某一方面，荒废其他方面，而应实现各方面的均衡发展。通过政府的精心组织，实现城市全方位、均衡发展。

德州是山东省北部的一座城市，与河北省接壤。这座朴实的鲁西北城市，也是一座富有幸福底色的城市。生活在这里的市民，既有富足感，又有舒适感，还有成就感，更有归属感。在建造幸福德州的过程中，德州政府的组织作用不可或缺，而且保证了城市在经济发展、社会保障体系建设、文化建设等方面，都获得长足发展：德州政府充分发挥区位交通优势，组织当地工商界人士，大力发展休闲旅游、养生保健和文化创意等新兴服务产业，不仅加快了当地经济发展，还为市民提供更多就业机会，提供更丰富的物质基础；德州政府动员组织社会力量兴办养老服务机构，并采取以奖代补的形式，努力不断完善城市养老体系，让更多老年人能够安享晚年；德州政府还精心组织社会文化艺术创

---

① 张鸿墀、丁秀玲：《奥运圣火在石河子传递》，《京九晚报》2008 年 6 月 20 日。

作，积极开展群众文化品牌活动，推动了学习型城市建设发展，让身处其中的市民感受到浓浓的文化气氛，体会到学习与文化艺术之美；为加强社会治安综合治理，当地政府还专门组织力量，深入开展群防群治活动，加强专业巡防队伍建设，推进"平安德州"建设。

不同城市有不同的美丽之处，市民对每座城市的感受也不一定完全相同，但是，无论在哪一座幸福城市的建设过程中，都离不开当地政府的组织作用。

政府在组织动员各方面力量建设幸福城市时，要掌握一些工作方法：

第一，要做好宣传工作，动员最广大市民的力量，加入到幸福城市的建设之中。而要有效地组织市民等一切力量，就要尊重市民，把市民的意愿、要求和利益作为做决策、解决问题的根本出发点，以扎扎实实的工作为市民谋取实实在在的利益。

第二，要言传身教，起到带头作用。政府不仅要通过解决市民的实际困难来感化市民，还要以良好的形象和过硬的工作作风，来影响和带动市民。在处于社会转型期的今天，社会矛盾日趋复杂，强化政府以及党员干部形象，更加重要。

第三，政府还要构建畅通的渠道，加强政府和市民之间的沟通。政府要练就与市民平等互动、有效沟通的能力，多说一些市民能听得懂的话，多听一些市民心里想说的话，把政府的政策和决策做到市民的心坎上，从而转化为市民建设幸福城市的自觉力量。

如今，"幸福城市"和"宜居城市"已经成为全国多个城市努力的目标，各级政府也纷纷勇敢地担当起"组织者"的角色。我们相信，这必将会对我国城市的发展、"幸福城市"的实现起到不可估量的作用。

3.政府：幸福城市的服务者

英国哲学家休谟说过："一切人类努力的伟大目标在于获得幸福。"对一个致力于将人民幸福作为发展宗旨的城市而言，就要求政府提供高品质的公共服务和公共物品，以满足民众不断增长的物质文化需求。

在党的十八大报告中，建设一个职能科学、结构优化、廉洁高效、人民满意的服务型政府已经成为党和国家在现阶段的一项重要政策。对于幸福城市的创建而言，政府这一主导者的作用已经毋庸赘言，因此，如何在建设服务型政府的大趋势下建设幸福城市，不仅是一次创建幸福城市难得的良机，还是一次巨大的考验。

什么是"服务型政府"？让我们看看球场上裁判和队员的关系，便可一窥究竟。

在足球场上，人们通常把好裁判定义为比赛时的"隐形人"。在比赛正常进行时，裁判仿佛失踪不见踪迹，观众们得以充分欣赏球员们的精彩表演。但是，当比赛出现问题，裁判这个"隐形人"又会在瞬间现身，并进行相应处理，然后，比赛恢复进行。可以想象，如果在比赛中，裁判成为了主角，整场比赛的竞技属性便会荡然无存，足球比赛的意义也就消失殆尽。

对于城市建设来说，这个道理同样适用：如果将城市视作足球场，市民就如同在场上奔跑的足球队员，其对幸福的追求，便相当于球员们对胜利的渴望并因此付出的努力。球场上，双方球员为夺取胜利而展开激烈的竞争，不论是智慧的战术较量还是纯粹的身体对抗，都与当前社会竞争相似，都是自发而又自然的行为。政府就如同裁判，掌握着全局，但绝对不是直接加入竞争。

很难想象，一个裁判去指导球员如何踢球，抑或亲自踢上几脚是什么样子。

裁判永远不是比赛的主角，裁判存在的意义永远是为比赛而服务。每一场比赛的球员很多，裁判却很少，所有球迷看比赛的理由是为了体会足球的魅力和欣赏球员们出彩的表现，没有人为了看裁判而看足球。

从这种意义上来讲，球场就是小社会，城市即是大球场。在建设幸福城市的过程中，政府就是裁判，职能之一就是努力为市民提供服务。美国政治学家萨缪尔·亨廷顿指出"各国之间最重要的政治分野，不在于他们政府的形式，而在于他们政府的有效程度。"服务型政府，能够降低政府行政成本，把经济决策权归还市场，用市场机制代替行政审批，最大限度地提高政府效能。

现在，让我们将视线转向北欧，去看看这片"球场"上正"驰骋"的"球员"和"裁判"。

在北欧国家的城市，人们的工作时间很短。每周5个工作日，平均工时大概在35个小时左右。也就是说，他们每天的工作时间只有7个小时。北欧的饭店、商场等场所一般也会在每天晚上7点谢客，因为饭店的老板和员工需要休息。完成工作之后，人们或是开车回家，花大量时间陪伴家人，或是在公园中逗留，享受劳累后难得的清静和放松。北欧瑞典人有一句古话发人深省："钱是可以储存的，而时间是不能储存的，你怎么花时间，决定了你一生的生活质量。"可见他们对享受生活的重视。

按照中国人的思维，这样生活的人会被斥责为"混日子"抑或"没有上进心"，但是恰恰相反，北欧人的平均工资要远远高于国人，这也意味着，他们是用较少的努力获取较大的财富，而后便悠闲地享受生活。也许有人会问，北欧的政府为什么不干预呢？在北欧，政府几乎是"隐形"的。北欧的政府非常"袖珍"，他们并不会大规模干涉老百姓的生活，而是立足于长远的发展，为市民生活和工作提供各种服务：

提供促进社会事业发展的公益性服务，重点发展教育事业和医疗卫生事业，建立和完善全方位的社会保障体系。比如，芬兰政府就为市民建立起了"从摇篮到坟墓"的社会保障体系，整个开支占到了国家财政支出总额的三分之一，而促进科研和资助科研人才的经费占到了整个国家 GDP 的 3.5%，比军费的开支还要高！①

为劳动力提供民生性服务，促进就业和增加居民收入。在北欧很多城市，都设有专门的"劳动力市场管理委员会"，为全部市民提供就业服务。而且，很多城市还设有专门的就业服务支持金，专门用于解决失业问题。

为各类投资主体提供良好的市场环境。在北欧各城市，政府都不是社会投资主体，不干涉微观经济活动，而是为企业和其他市场主体提供服务。每年，他们常常拿出一定的资金支持企业用于技术研发，甘为企业发展的服务者。

在北欧城市，人们都可以悠闲且无后顾之忧地生活，这正是北欧政府提供强大服务的必然结果。或许，有人无比羡慕北欧市民的生活。其实，这倒大可不必。在我国，政府扮演的角色，已经从管理者逐渐过渡到服务者。2004 年，我国政府首次把"建设服务型政府"作为政治体制改革的一项重要目标。在党的十六大之后，我国政府提出了建设"服务性政府"的方针，大量的审

---

①　沈尤佳、张嘉佩：《福利资本主义的命运与前途：危机后的思考》，《政治经济学评论》2013 年第 4 期。

批权被取消，政府不再直接干预社会的一般事务，而是转为提供公共服务，包括为各类市场主体提供良好的发展环境和平等竞争的条件，为劳动者提供就业机会和社会保障服务，为社会提供安全和公共产品服务等多个方面。在党的十八大报告中，又再次将建设服务型政府的目标写入其中。

在我国幸福城市建设过程中，服务型政府也正在发挥着越来越明显的作用。

在中国所有城市中，邯郸在经济发展水平上看并不出众，但是，生活在这里的市民，在当地政府转型为服务型政府后，却可以触摸、感受到幸福。邯郸政府的服务职能，不仅能够满足居民的需求，还能增强居民的自我价值感，体现了公平、公正，是建设幸福城市最有力的支撑。

邯郸市政府通过行政服务大厅让诸多行政服务事项实现集中办理，最大限度地方便人民群众；为提高效率，邯郸市还推出网上审批制度，有关单位和主要领导对统一受理的行政服务事项，可以通过电子签章，在网上办理，节约了市民的时间；邯郸市为市民就业和创业提供诸多服务，使城镇登记失业率减少至 4% 以内；通过增加用于民生方面的财政投入，邯郸市企业退休职工基本养老金由原来每人每月不足 1000 元提高至接近 1700 元。①

建设服务型政府，并不意味着政府的管理职能被削弱，而是将权力让渡给社会大众，增加市民的主导性和自主空间，能够极大地刺激市民的积极性和主动性。有了市民的积极参与，再加上政府提供的完善的社会性公共服务，幸福的道路将更加通畅和

---

① 《邯郸市企业退休人员养老金每人每月至少涨 142.5 元》，《邯郸日报》2014 年 3 月 26 日。

宽广。

做好幸福城市建设的服务者，政府部门应坚持以人为本，认真落实建设服务型政府精神。具体可以从以下几个方面入手：

转变观念，培养公共服务精神。一些城市职能部门，虽然高喊建立服务型政府的口号，却依然将自己摆在管理者的位置。就此来说，要建设幸福城市，政府应该切实从管理者的角色过渡到服务者角色，树立一心一意为人民服务的现代行政观念。

深化行政管理体制改革，推进政府职能转变。要建设廉洁高效、行为规范、公正透明、运转协调的行政管理体制，进一步合理调整和界定政府职能，将政府力量主要集中于公共服务、社会管理、市场监管和经济调节上，鼓励和扶持市民创业，优化市场资源配置，形成一个良好的市场环境。

完善公共财政体制，健全公共服务体系。建设幸福城市，财政投入必不可少。政府要调整财政支出结构，增加对基础性、公益性领域的投入，完善社会救济和社会福利机制。乌镇借助召开"世界互联网大会"之际，推出全民免费 WIFI 网络覆盖，这就是一个很好的健全公共服务例子。

构建服务型政府，不仅仅是行政管理体制改革应有之义，与建设幸福城市也有异曲同工之妙。等政府真正履行好幸福城市的服务者职责之时，也就是构建服务型政府取得重大突破的一天。

第二节　市民是主力

谁是城市真正的主人？不是四通八达的马路，不是高耸入云的大楼，而是生活在其中的一个个市民。没有市民，城市也就无所谓城市，只是一具空壳。因此，建设幸福城市，说到底就是在建设市民的幸福。既然建设市民自己的幸福，每个市民也理应行动起来，成为幸福城市建设的主力。

如果没有全体市民的参与和努力，一座城市的幸福便无从谈起，幸福城市也会成为遥不可及的梦。只有每个市民都认识到自己在建设幸福城市过程中的责任并付诸行动，我们的城市才会越来越幸福。

1. 人人出力：做幸福城市的建设者

市民是城市的主体。没有市民，没有熙熙攘攘的城市人群，就不会有城市这种组织形式出现，更没有精彩万分的现代城市生活。

如果说城市是一个大家庭，每一位市民则是家庭中不可或缺的一分子，都是城市的主人。市民的一举一动，影响着城市的走向：如果每位市民身上穿着鲜艳的衣服，这座城市就是色彩斑斓的；如果每位市民脸上都洋溢着微笑，这座城市就是一座微笑之城。

有位哲人说过："只要每个人是对的，那这个世界就是对的。"对于建设幸福城市，我们也可以这样说，每一个市民，都理应成为幸福城市的建设者，为幸福城市出一份力。

临沂是坐落于鲁南大地的城市，就规模而言，它不算大城市，也没有宏伟的街道或是高耸的地标建筑，但这座城市却长期位于"中国最具幸福感城市"评选的前列。如果说长春这座城市的幸福感来自于慢生活和浓密的城市森林，杭州的幸福感来自于优美舒适、迷人宜居的风景名胜，那么临沂的幸福感最重要的体现，就是整个城市的市民懂得人人出力，自觉成为幸福城市的建设者。

对现代人来说，单纯追逐宽阔的马路和钢筋水泥森林的时代已经是过去式。随着社会发展，人们更加重视生活的舒适度，这也成为衡量幸福城市的一个重要标准。临沂不仅能够为市民提供一个舒适的生存环境，更为难能可贵的是，所有的市民都自愿为了这份来之不易的幸福而努力，毫无保留地贡献自己的力量。

在临沂，看到环卫工人在清理河道垃圾时脸上流淌的汗水，很多下班的市民主动停下来，挽起裤腿加入。有人还自发在河边树立标语，告诫人们："环卫工人很辛苦，请不要把垃圾扔进河里"。走在大街上，随手把路上的垃圾捡起来的市民越来越多。在小区楼道里，市民发现有张贴的小广告，也都会自觉地清理掉。所以，在临沂街道或小区楼道里，你很难看到随处张贴的小广告。

临沂市民还十分热情好客。如果到了临沂，市民们淳朴的笑脸让你仿佛回到家一样，周围人洋溢的热情更是让人不舍得离开。临沂市政府也适时采取了户籍制度改革，打开了"怀抱"，伸开双臂热情迎接新的成员。

管中窥豹，可见一斑，所谓的城市建设者，并非单纯指那些建筑或道路的建设者，"人人皆可为尧舜"，只要每个市民都能用积极乐观的心态生活，以主人的心态去建设城市，他便是在为城市的建设作出贡献，就是名副其实的城市建设者。临沂市民的做法更好地为我们诠释了幸福，也让我们看到了幸福最为质朴、单纯的一面。

不过，很多时候，让每位市民都成为城市的建设者，仍然是一种理想。如果大家"各人自扫门前雪，休管他人瓦上霜"，市民参与公益和公共事务的积极性、主动性又如何调动起来？这仍是很多城市建设中面临的问题。在这方面，加拿大温哥华市的一段经历可以带给我们启发。

1992 年，摆在温哥华市长戈登·坎贝尔面前的是一个烂摊子，温哥华面临环境污染、住房短缺等很多问题，市民怨声载道。市长戈登·坎贝尔决定直接把这个烂摊子丢给市民。他要让市民成为城市的主人，来共同建设自己的城市。遗憾的是，当时很多市民对参与城市建设并没有兴趣，特别是年轻人和外来移民。戈登·坎贝尔回忆说，"人们大都关注自己所在的那一小片区域的问题，很少去思考整个温哥华市的未来。"为了鼓励人人参与城市建设，他亲自写信给 1000 位市民团体的主席，同时随机邮寄给 1000 户家庭，邀请他们积极表达自己的意见和看法。最终，历经 5 个多月的时间，温哥华市形成了 300 个 10—15 人的讨论小组。为了让讨论小组的成员表达自己的想法，温哥华市还特地为每人制作了一本"工具手册"，其中包含有关城市建设的各种信息。甚至还给每个讨论小组派驻了专业的志愿者，为他们答疑解惑。[①]

在戈登·坎贝尔和温哥华市政府的积极鼓励下，温哥华的市民们的热情被激发出来，积极参与到城市规划中来，并主动配合政府各项建设工作。同时，因为亲自参与城市建设，温哥华市民对这座城市的满意度和归属感也大大增强。

市民是城市的主人，人人理应成为幸福城市的建设者。但市民的力量是分散的，如何把市民的热情激发出来，把力量组织起来？政府、企业和 NGO 组织都可以发挥作用。首先是政府的推动，政府不仅要把市民当作服务对象，更要把市民真正尊重为

---

① 孟登科、王清：《温哥华：全民规划"烂摊子"》，《南方周末》2010 年 7 月 8 日。

城市的主人，通过调查、咨询、研讨、听证等方式问政问计于民，并要在市民中间弘扬热爱城市、以城市为家的主人翁精神。只有市民真正热爱自己的城市，才能团结一心，自觉建设自己的城市。

只有人人都参与到幸福城市的建设中去，幸福城市才能真正建设好，并带给人们更多的幸福。

2. 个个有责：做幸福城市的维护者

"城市是我家，幸福靠大家"，这句话几乎是家喻户晓、妇孺皆知，但是，可能不是每个人都能真正能领悟这句话的实质精神并付诸行动。有些人单纯地认为，只要自己做一些有利于城市发展的事情，或者不做不利于城市发展的行为，即是对于幸福城市的贡献，比如，不乱丢垃圾、不随地吐痰、外出排队谦让、邻里之间和睦相处等。其实，这些都是社会道德，甚至法律规定的义务，是每一个市民所应承担的"应有之义"，换句话说，"这是你原本就该做到的！"

生活在城市中的市民，在享受城市公共基础设施等各个方面便利的同时，也有责任为建设幸福城市作出自己的贡献，维护好得来不易的"幸福家园"。维护幸福城市，就是维护自己的幸福。

做幸福城市的维护者，当城市出现问题，市民们应该主动勇敢地站出来，以城市主人的身份，投入到问题的解决之中。

长沙坐落于湘江之畔，用一个字来形容这座城市，毫无疑问就是"热"。这里有吃一口就让人大汗淋漓的湘菜，也有着酷热的天气，而整座城市的市民对外来人口的热情好客更可以让人感到心里热乎乎的。随着改革开放的不断深入和经济的飞速发展，长沙凭借优越的地理位置发生了天翻地覆的改变。但是，日益腾飞的经济也给长沙留下了极为明显的"后遗症"：小广告到处乱

107

飞、诈骗盗窃等事情更是屡见不鲜。这种现象给热情似火的长沙注入了一丝烦躁，就如同火辣的菜肴一样，让人在享受美味的时候却遍体大汗、舌头发麻。对长沙居民而言，即使经济再发达、收入再高，幸福城市的味道却越来越淡。

在意识到问题后，长沙市政府开展了一系列整治行动：打击小广告、打击违法犯罪、管理流动人口……与此同时，长沙市民自发自动加入其中：许多居民自发组成队伍，和城市清洁人员一起清除小广告，消除这一严重危害市容的"城市牛皮癣"；长沙市民主动和外来人员交朋友、拉家常，让这些长沙新市民感受到暖暖的情谊，增强了他们的归属感。很快，长沙市民自发行动和政府的行政行为双管齐下，收到了显著成效，长沙市容面貌和治安环境恢复了往日的美丽与安全，长沙依旧是幸福城市。

做幸福城市的维护者，无论在遭遇任何思潮的冲击时，都应该能够保持清醒的头脑，自觉维护城市的一草一木，以及其他来之不易的建设成果。

苏州有迷人的自然风景和园林景观，也有极为浓郁的人文色彩。宜人的风景和气候，以及包容的文化，深深地吸引着来自全国各地的人们，成为了这座城市的灵魂。面对市场经济的浪潮，苏州市民依然过着"小桥流水人家"的幸福生活，没有因物质诱惑迷失自我、失掉本色。时至今日，走在苏州的街头，随处可以看到美丽的刺绣，听到温婉迷人的吴语。不仅如此，苏州市民个个都争当城市建设的维护者。每到周末，许多市民会走出家门，到园林中参加劳动，呵护植被、打扫卫生、制止游客的不文明行为……或许，市民做的每一件小事起到的作用有限，但是如果将所有市民的努力集中在一起，便会发现惊人的力量，这也就是为什么直到今天，苏州仍然保持着幸福城市的韵味的原因。

做幸福城市的维护者，市民可以贡献自己的力量和聪明才智，以更加有效的方式，推动幸福城市建设朝更远大的目标前进。

美国一名程序员发明了一款应用程序叫做 SeeClickFix，有了这款应用程序，人们可以通过手机拍照，随时随地地对乱涂乱画、排水管道堵塞等问题进行举报，这些投诉都会被自动记录在案，并被发送到相关的公共事业部门。自 2008 年 3 月面世以来，SeeClickFix 已经在美国上千个城市中投入使用，为市民参与城市维护提供了诸多方便，推动了幸福城市建设不断向前发展。①

"城市是我家、幸福靠大家"这句话，不能仅仅是一句流于形式的口号，而应该是一种切切实实、行之有效的幸福城市建设之道。政府也要看到市民在维护幸福城市方面的力量，为市民发挥相应的维护作用，提供更广阔、更自由的空间。

政府要将部分自治权利交给市民，帮助市民树立主人翁思想。只有一个城市的市民体验到被尊重感，有当家做主的感觉，将城市当做自己的家，才能不遗余力地维护自己的城市。

此外，政府还应该通过各种渠道，向市民发出倡议书，在全社会范围内提倡市民的参与，对表现积极的市民给予相应的奖励，包括物质奖励和精神奖励，以激发市民热爱家园、自觉维护城市形象的热情，形成"人人爱城市，人人管城市"的良好社会风尚，共同维护幸福城市的现在和明天。

---

① 徐继华、冯启娜、陈贞汝:《智慧政府：大数据治国时代的来临》，中信出版社 2014 年版。

幸福城市才是最好的城市

第三节　企业做先锋

福特汽车公司主席贝尔福特曾说："一个好公司会生产优质的产品，提供良好的服务。一个伟大的公司除了生产优质的产品，提供优质的服务外，还会努力使我们的世界变得更美好，更幸福。"可见，真正能够为幸福城市建设出力的企业，才是最好的企业。

而在现代化进程中的今天，在建设幸福城市的众多力量中，企业不仅是不可或缺的一支，更应该发挥先锋带头作用。

1. 幸福企业：幸福城市的细胞

对比我国改革开放前和现在，城市的发展水平和人们的生活水平都已经发生了翻天覆地的变化。其中起到突出作用的，恐怕就是企业。企业，这一市场经济体制中最为活跃的组成部分，在其发展过程中为社会带来了巨大的财富，从而成为城市发展的"源头活水"。

企业是城市的重要组成部分，是城市的细胞，毫不夸张地说，只有建设好幸福企业，才能实现幸福城市，幸福企业是幸福城市的重要根基。

企业在经济活动中通过生产和经营活动，成为先进技术和先进生产工具的积极采用者和制造者，在客观上推动了整个社会经济的发展和技术的进步，也会推动幸福城市建设的进程。企业在社会经济生活中发挥着巨大作用，是整个社会前进的先锋。只有通过幸福企业的建设助推幸福城市的建设，才能真正早日建成幸福城市。

在之前出版的《幸福企业才是最好的企业》一书中，我对幸

幸福城市才是最好的城市

福企业做了这样的定义：幸福企业就是能够满足员工不断增长的幸福需要的企业。幸福企业首先惠及的是企业员工，而企业员工是城市居民的主体，所以从某种意义上说，企业员工幸福了，我们的城市也就幸福了。幸福企业的建设对幸福城市的建设具有举足轻重的作用。

山东邹城是一座规模并不大的城市，却因为孟子故里而享誉中外，文化氛围十分浓厚，人们朴实而好客，幸福地生活着。这座城市幸福的根基，与一个幸福企业——兖矿集团不无关系。

虽然是一个能源型企业，但是兖矿集团建设了完整的保障制度，让企业员工及其家人能够享受"从摇篮到坟墓"的社会公益服务，人均收入更是高于当地平均水平，以往被称为"煤黑子"的煤矿工人成为一群快乐的劳动者，家属也纷纷参加到企业的建设之中，他们义务清扫街道，为井下工人送食品，义务洗衣……不论是职工还是家属，他们的生活都非常幸福：住在集团建造的保障房中，每日日出而作、日落而息，下班时矿井中响起的矿歌和小区中那袅袅炊烟映衬在一起，显得安详而平和。

世界上最容易被传染的不是疾病，幸福和快乐才是最容易散播的因子，当你对别人微笑的时候，便在他人的心中埋下了一颗幸福的种子，静静地等待着生根、发芽，最终成长为幸福的森林。而幸福企业的幸福员工，也正在把幸福传播，因为兖矿集团员工们的幸福，整个邹城的面貌也在随之发生改变，整个邹城也都散发着幸福的味道。

当一个企业选择去建设幸福企业，或者走在建设幸福企业的道路上的时候，这种选择和行动本身就有一种示范作用，会带动越来越多的企业加入到建设幸福企业的阵营中，也会感染越来越多的市民去重视幸福、追求幸福，进而推进幸福城市的建设。

当然，幸福企业和幸福城市的关系并非是单向的，而是一个相互促进的关系。一方面，幸福企业造就幸福城市，另一方面，幸福城市的建设也会为幸福企业的建设创造诸多便利条件。比如，在建设幸福城市的过程中强调转变政府职能，强调政府应做好"服务者"的角色，如此一来，大大简化行政审批程序，无疑更有利于企业的壮大发展，特别是对于初期的创业者，阻力更少，并可以获得更多的政策支持。

宜宾是四川南部的一座城市，也是名副其实的"中国酒都"，名酒五粮液就产于此。民风淳朴、充满实干精神的宜宾，一直通过税收优惠、扶持奖励等措施鼓励市民创业。根据 2010 年 9 月宜宾政府颁布的《宜宾市创建省级创业型城市工作方案》：凡宜宾失业市民在领取失业保险金期间自主创业办理工商登记的，可一次性领取应享受的失业保险金用于创业；自主创业并招用其他失业人员就业的，在首次办理工商营业执照并正常营业 6 个月后，按吸纳就业的人数，可获得从失业保险基金中一次性给予的 3000 元以内创业补贴。①

宜宾市政府为市民创业提供了有力的支持。现在，在宜宾，有更多企业"冒出来"。他们的规模也许不大，却通过自己的经营，成长为一个个幸福企业，滋养着一个个幸福市民。

在支持之余，政府有责任监督企业履行和实施《劳动合同法》，以最大限度地维护企业员工的合法权益。只有员工权益得到维护的企业，才能算作真正的幸福企业。

企业员工是城市市民的主体，如果遍地都是幸福企业，都是幸福员工，城市又何愁不幸福呢？

---

① 《宜宾市出台政策鼓励市民自主创业》，《宜宾日报》2010 年 9 月 20 日。

2. 企业公民：建设幸福城市的先锋

20世纪80年代，用来表达企业责任的术语——企业公民的概念开始在国际上流行。这一概念的核心观点是，企业是社会的公民，企业的成功与社会的健康和福利密切相关，因为，企业会全面考虑自己对所有利益相关方的影响，包括雇员、客户、社区、供应商和自然环境。

简而言之，企业将自己视为社会的一员，而且是对社会发展影响重大的一员。复旦大学管理学院院长陆雄文认为，一个合格的企业公民需要有三种人格：负责任的人，有影响力的人和乐于帮助别人的人。[①] 企业是社会的细胞，社会是企业利益的源泉。企业在享受社会赋予的条件和机遇时，也应该以符合伦理、道德的行动回报社会、奉献社会。

由此来说，企业公民这一概念，蕴含着社会对企业提出的要求，意味着在建设幸福城市的过程中，企业也理应发挥自己作为一个"企业公民"的先锋作用，履行好自己的责任，作出应有的贡献。

作为企业公民，最基本的责任就是生产、提供质量可靠的产品，为市民的生活带来便利。

在2005年财富全球论坛会上，海尔集团首席执行官张瑞敏指出："利润和企业社会责任不是博弈关系。一般情况下，追求利润的最大化是企业的生存之本，也是企业应享有的基本权利。但同时，企业承担着必要的社会义务。这种权利和义务的对等关系构成了企业理念的基础。"[②]

---

① 李健：《GE企业公民报告社会价值与商业运作整合》，《中国经营报》2005年6月15日。

② 采绿：《企业公民是一种战略》，《中国邮政报》2009年8月4日。

企业的义务之一，就是提供给人们质量可靠的产品。早在1985年，当顾客向海尔反映，该厂生产的电冰箱有质量问题时，张瑞敏抢起大锤，将76台不合格冰箱砸烂，以提高海尔全体员工的质量意识。自此之后，在"零缺陷"的严格要求下，海尔不断向人们提供质量可靠、性能优良、使用方便的冰箱，获得中国电冰箱史上第一枚质量金牌。而随着海尔成为国家知名家电品牌，青岛市民也为自己家乡的这家企业的强大倍感自豪。

追求经济增长是企业的内在使命，也是社会的福祉，但是，企业在追求经济增长的同时，必须履行好自身的责任，其中很重要的一项就是环境保护。

改革开放30多年来，我国经济发展取得了举世瞩目的成就，远高于同时期世界经济的增速，其结果是综合国力大大增强，城市居民的生活水平显著提升。同时也付出了沉重的代价：企业生产造成的污染物排放，带来环境灾难，水、土壤、空气无一不遭受到严重破坏，城市垃圾、汽车尾气等也严重威胁着城市发展。在全民追求幸福、寻求可持续发展的时代中，企业必须改变过去以牺牲环境为代价的粗放发展方式，积极参与环境保护和管理，严格控制和解决好企业的污染物排放问题。

作为世界上最大的汽车制造商之一，丰田汽车公司在开发有利于环境保护的技术上可谓不遗余力。2006年，丰田就推出了省油节能的混合动力型车PRIUS。这种车使用汽油和电池双动能，在低速行驶时使用电池驱动，在高速行驶时则使用汽油驱动，避免了在低速行驶时产生大量尾气。

欧美石油公司也非常注重环境保护。2007年，美国康非石油公司成为第一家支持国家出台强制性温室气体控制政策的美国本土石油公司。雪佛龙石油公司在2008年减少温室气体排放80

万吨二氧化碳当量。①

　　企业为建设幸福城市作贡献，依法纳税也是重要内容。位于濮阳市的河南中原绿能高科有限责任公司，是一家连续四年享有"A级纳税信用等级"称号的企业。该公司的主要产品是压缩天然气和液化天然气，均属于清洁能源。2008年，金融危机席卷全球，对大多数企业造成重创。在一些企业想尽办法偷税漏税的情况下，河南中原绿能高科有限责任公司上缴的税收并不比往年少。该公司表示，依法纳税是企业理应承担的社会责任，是取之于民、用之于民的具体表现。

　　在城市遇到自然灾害时，企业更应冲锋在前，贡献财力物力。2008年5月12日，四川汶川发生8.0级大地震。地震发生之后，社会各界纷纷慷慨解囊，伸出援手，向灾区捐钱赠物，帮助灾区渡过难关。据官方统计，截至2008年9月25日12时，全国共接收国内外社会各界捐赠款物总计594.68亿元，实际到账款物总计594.08亿元。② 这些捐赠，大部分来自企业，如国家电网捐助2.1亿元，荣程钢铁捐助1.1亿元，中国石油捐助1.03亿元，台塑集团捐助1亿元，恒基地产捐助1亿元，加多宝集团捐助1亿元等。企业援助灾区重建，体现的是企业的社会责任，更体现企业在幸福城市建设中的先锋作用。

　　企业不分大小，在追求经济效益的同时，都应本着一种负责任的态度为员工创造幸福，为城市创造福祉。一些大型企业，特别是知名企业，因为拥有较强的经济实力和较高的知名度，也有条件和能力为幸福城市的建设尽更多的责任，作更多的贡献。

115

　　① 冯跃威：《低碳经济与石油未来》，《中国石油石化》2009年11月23日。

　　② 《2008年：汶川大地震》，《晶报》2009年10月24日。

在倡导更多企业公民加入幸福城市建设时，除了强调企业服从政府的统一管理和领导外，政府有责任为企业发展营造一个良好的环境。尤其在今天这个中小民营企业融资难、传统制造业面临发展困境的今天，政府应该对他们做出政策倾斜，继续推进金融改革，支持民间资本进入金融行业，为中小民营企业提供更多扶持。面对传统制造业转型升级的需求，政府除了鼓励企业自身努力外，应该充分发挥作用，比如积极协助成立或提供专业化培训，扶植企业设立技术研究机构，设立高新技术产业基金……从多个角度，来推进传统制造业的转型升级。

《道德经》有云：要想取之，必先予之。想要企业公民成为建设幸福城市的先锋，就应该为企业发展创造更多优厚的条件。等企业公民实力壮大之后，其"反哺"幸福城市建设的力度也会更大。

第四节　社会组织作补充

在我们生活的城市中，存在着大大小小、各种各样的非政府组织。作为城市中的一部分，他们也是幸福城市的支柱力量。在建设幸福城市的道路上，他们是不可或缺的社会力量。非政府组织是在政府之外能够最大限度调动社会资源的一种力量，是幸福城市建设过程中的重要补充。

在法国许多城市，都活跃着大量的非政府组织和市民团体，几乎每万名市民拥有着 110 个非政府组织，有的倡导环保、有的倡导慈善、有的倡导公益。法国每座城市的发展，和这些非政府组织的努力是分不开的。

1. 非政府组织大有可为

什么是非政府组织？它是英文 Non-Governmental Organizations 的意译，通常缩写为 NGO。这一词汇最早出现在 1945 年联合国成立时的一份重要文件中。当时，非政府组织指的是一些在国际事务中发挥中立作用的非官方机构，如国际红十字会、救助儿童会等。随着社会的发展，非政府组织的概念不断被延伸，当前泛指独立于政府体系之外、具有一定公共职能的社会组织。

不过，即便非政府组织的内涵越来越广泛，但并不包含企业等具有营利性质的社会组织，也不包括家庭等亲缘性的社会组织。现在，比较知名的非政府组织有绿色和平、壹基金、香港地球之友、中国青年志愿者协会等。

随着城市的发展，规模越来越大，人口越来越多，事务越来越庞杂，使得政府无法管理城市中的所有事务，而这也正是非政府组织创立的初衷：以人民群众自我管理的形式来分担一些社会管理事务。党的十八大报告提出了"要引导社会组织健康有序发展，充分发挥群众参与社会管理的基础作用。加快形成政社分工、权责明确、依法自治的现代社会组织体制"的要求。可见，非政府组织正在得到越来越多的重视，也势必发挥越来越大的作用。

非政府组织最大的特点就是在于其非政府和非官方的特征，是市民自发建立的组织，在一定程度上，非政府组织可以真实地表达市民心中的真实诉求。正是这种属性，使得非政府组织的一切行动都会遵循同样一个准则——为了市民的幸福。

非政府组织可以极大激发市民的积极性，让他们能够自觉、自动地去建设自我的幸福，并且影响整个城市，从而将每个人的力量集中在一起，推动幸福城市建设。

残疾人是当前社会中主要的弱势群体之一，需要社会的帮助和照顾。他们生活得幸福与否，在一定程度上决定着一座城市幸福的底线。在建设幸福城市的过程中，如果忽略他们的诉求，所谓的幸福就变成了镜花水月。

苏州是一个风景优美的城市，这里生活着42万残疾人①。相比于普通人，他们在求学、求职、工作和就业方面面临着重重困难，生活得非常艰难。为了让残疾人过上幸福的生活，苏州市残联为残疾人打开了一条便利之路：采取残疾人之间一对一、一帮一的措施，即一位能够生活自理的残疾人帮助一位生活不能自理的残疾人，一位能够谋生的残疾人向一位不能谋生的残疾人提供就业指导和培训。在苏州市残联的安排下，当地残疾人的生活得到了极大改善。

不仅如此，苏州市残联还向政府积极申请增发补助金，扩大补助对象范围，力求将更多的残疾人纳入其中。除了提供经济资助外，苏州市残联还从精神文化生活入手，激励残疾人参加社会活动，增强其自信心；组织一批社会志愿者服务残疾人，并走上街头义务宣传助人文化，建立起一套完善的援助体系，使得苏州的残疾人能够自尊、自信、自强地生活，发挥自身的最大价值，最终享受到幸福的生活。

苏州市残联仅仅是中国无数个非政府组织之一，所以可以断言，每当这些非政府组织展现出自己价值的时候，整个社会便会有一批人因之受益，久而久之，这种幸福的体验便会蔓延到社会每个阶层的人群，最终为实现社会的和谐作出重要贡献。

---

①　大秋、郁丽：《苏州：2014年残疾人的生活将更好》，《城市商报》2014年1月28日。

2006 年 4 月，国务院发布《关于加强和改进社区服务工作的意见》，极大地肯定了非政府组织对城市工作的促进。在这一政策"春风"吹拂之下，全国出现了大量非政府组织，其中就包括云南致力于宣传艾滋病防治知识的"爱咨家"，其成员们不顾世俗眼光，积极帮助艾滋病患者走出生活和工作中的困境，向社会大众宣讲艾滋病防治的相关知识，取得了良好的社会效应。

时至今日，我国正处于从传统社会向现代社会转变的历史时期，一些新的、复杂问题随之出现，老龄化趋势加快，社会矛盾增多，生活需求变得更加多样……为解决不同矛盾、满足不同层次的需求，仅仅依靠政府远远不够，就此来说，从某种意义上来说，非政府组织就是政府不可或缺的帮手。

为充分调动非政府组织参与幸福城市建设的积极性，政府应该给予非政府组织合法的地位，赋予他们合法参与社会事务的权利；重视非政府组织的利益诉求，并在最大限度上予以满足。不过，目前，我国非政府组织发展虽然迅速，却并不成熟，针对这种情况，政府在扶持非政府组织发展的同时，还不能放松对其监管。

在政府扶持和监管并举之下，在未来幸福城市的建设中，非政府组织将发挥越来越重要的作用。

2. 慈善与公益：为城市幸福添彩

生活在一座城市中，我们都会时刻被他人影响并影响着他人，也就是说，当你向他人传递幸福的同时，很可能会改变整个城市。而慈善，就是人们传递幸福的重要方式之一。

2006 年感动中国人物庆典中，有这样一段颁奖词：他来自人群，像一粒尘土，微薄、微细、微乎其微，寻找不到，又随处可见。他自认渺小，却塑造了伟大，这不是一个人的名字，这是一座城市的良心。感动中国！

这段质朴而又饱含深情的颁奖词的领受者，正是青岛的"微尘"。"微尘"并不是一个单独的人，也不是一个团队，这个名称频繁地出现在青岛市的各种公益活动中，无数热心人使用"微尘"这个名字为需要帮助的人提供帮助，传导着人间最为纯正的爱和美好。

时至今日，"微尘"已经成为慈善的象征，也是一种闪耀着人性光辉的符号。青岛的大街小巷中布满着以"微尘"命名的募捐箱。可以说，每个人都是"微尘"，每个人也都被"微尘"感动着。

"微尘"不仅仅成为慈善的代名词，而且深刻地影响着青岛一代人的价值观念和生活态度，使得如今的青岛处处洋溢着幸福的气息。

幸福来之不易，幸福也可以传递。一个人的幸福能影响身边的人，让他们过上幸福地生活。但是，一个人的力量毕竟有限，即使将自己全身的精力都燃烧殆尽，幸福的火焰恐怕也难以温暖更多人。如果许多人联合在一起，一起为了传递幸福，为了自己的幸福和他人的幸福而燃烧，正所谓众人拾柴火焰高，幸福的火焰便会日渐闪耀，散发的热度和正能量足够温暖整个城市市民的内心。

在当今的社会中，还有一大批默默投身于公益的人们，他们有着一个共同的名字：志愿者。在城市中，志愿者是一道吸引眼球的风景线，他们是建造幸福城市不可或缺的一支"队伍"，城市也因为有了他们的存在而倍加幸福。

也许，这些志愿者聚集起来，并非做惊天动地的大事，比如为一次运动会做向导、为敬老院打扫一次卫生、为山区的贫困人口进行一次募捐等，但是正如同《圣经》中的天使向信徒传播上帝的福音一样，他们在用自己的力量，向社会大众传递着幸福的真谛：为自己寻找快乐，为他人带来幸福的生活。

在 2008 年北京的奥运会上，志愿者作出了突出贡献。在本届奥运会期间，共有一百多万志愿者参与到与奥运会相关的服务中。其中，7 万多名志愿者直接为赛会服务，其余志愿者则分布在赛场场馆周边以及北京市的各个交通要道，甚至深入社区从事宣传、服务和监督的工作。经过这次奥运会，志愿者这一称呼被更多的人熟知，志愿服务的理念得到有力推广，大大推动了我国志愿服务事业的发展。

北京的民防浩天救援队，也是志愿者力量的代表。这支救援队是由北京市民防局和北京市志愿者联合会监管的社会公益性团体，队员由热爱公益事业的户外运动爱好者、专业搜救和医护人员组成，专注于为北京及周边地区的群众性户外活动提供帮助。近几年，这支队伍参加了多次搜救任务，并成功搜救出很多落难之人。比如 2008 年 10 月在阳台山寻找失踪的任铁生老师，2012年 5 月在八大处虎头山搜寻失踪驴友等。2014 年 7 月 15 日晚，一名男子在八大处游玩时走失，民防浩天救援队冒雨寻找 2 小时，终于成功找到他。

在北京，志愿服务工作早就开展。在 1993 年，北京市已经成立北京市志愿服务联合会（原北京志愿者协会）。来自该联合会的数据显示，截至 2013 年 12 月 13 日，北京市注册志愿者总数为 2286578 人，志愿团体 12628 家，志愿项目 14692 个。庞大的志愿者队伍，为北京建设幸福城市提供了有力的支撑。

志愿者的服务，对于幸福的传递而言，是一种最直接、根本的方法，当一个城市拥有优秀的志愿者，就多了一批幸福的人，而这批幸福的人在一起，又影响着更多的人，幸福城市的到来便不再遥远。

在改革开放前，珠海只是一个贫穷的小渔村。改革开放后，这座城市的发展极为迅速，几乎可以说是一天一个样。如今的珠海，崭新的建筑和宽阔的马路，时刻都在向我们展现着一座新城市的美丽。在这里，市民可以享受到完善的社会服务和充足的物质生活。其志愿者更是成为珠海这座城市的"城市名片"。

在珠海，登记在册的志愿者总数达到 13.8 万，其中年轻人占相当大的比例①，他们组成了各种形式、服务内容各异的志愿者团队，活跃在城市的每个角落。为适应互联网社会的发展，他们还开通了志愿者联合网站，向全社会宣传志愿者服务精神，吸引更多人参与其中。

珠海的志愿者为整个城市的进步和幸福作出了巨大贡献，正如珠海本地的网友评论说："志愿者服务忽如一夜春风来，这是社会进步的表现，为整个城市留下了美好的回忆和幸福的环境。"

当前，我国的志愿者服务正处于一个快速发展的阶段，在建设幸福城市中发挥着重要作用。然而，囿于国内志愿事业发展不够成熟，国内志愿者活动还存在一些不良现象，比如存在"被志愿""节假日服务扎堆"等，不仅让志愿服务"变味"，还有损志愿者的形象和积极性。

在 2013 年的芦山地震后，大量志愿者涌入灾区提供服务的迫切心情固然很好，但是其无序行为也为抢险救灾造成一定困扰。由此，媒体上出现诸如"灾区每日遣返千名志愿者"的新闻，以及"请志愿者勿盲目涌入，留出生命通道"的呼吁。这种

---

① 《最美那一抹"志愿蓝"》，《珠海特区报》2012 年 11 月 23 日。

令人尴尬的现象，在一定程度上，给满腔热血的志愿者们泼了"一头冷水"。但是，更值得人们深思的是，志愿者该如何变得专业化、规范化、法制化，而且能够与官方形成无缝链接。

要破解这一难题，除了扩大宣传，让更多公众明白什么是志愿服务，为什么要参加，让志愿精神深入人心，吸引人们主动积极加入其中外，相关政府部门应该尽快出台具体可操作性措施，加强对志愿者组织的注册与管理，推动志愿服务专业化、规范化和法制化。

只有形成一套完整的运作机制和管理经验，拥有法律的保障，志愿服务才能健康成长，为建设幸福城市贡献更多的力量。

幸福城市才是最好的城市

2009 年 9 月，考察厦门，与福建省长黄小晶亲切交流

2013 年 5 月，考察兰州，与甘肃省委常委、副省长、兰州市委书记虞海燕亲切会谈

2013 年 10 月，考察洛阳，与河南省委常委、市委书记陈雪枫亲切会谈

2009 年 5 月，考察芜湖，与市委书记陈树隆（右）、市长杨树雄（左）亲切会谈

第五章　五大标准：幸福城市的维度

2011 年 5 月 6 日，中国社科院发布的《中国城市竞争力报告》首次对 294 个城市的"幸福感指数"做了排名，石家庄位列第一名，其后分别是临沂、扬州。该榜单发布后，在社会各界引起了广泛质疑。身为石家庄人的国务院研究室综合司司长陈文玲说："老百姓无论是对环境，还是对生活水平或经济发展、官员满意度，都颇有微词，每次回老家都能听到抱怨，恐怕还没到洋溢着幸福的程度。"

表面看，是人们对幸福城市的排名榜认识有分歧，深层次则反映了人们对幸福城市的标准存在着认识分歧。一个城市是不是幸福城市，不是政府官员说了算，也不是新闻媒体说了算，归根到底应该由城市市民说了算。那么对于普通市民来说，什么样的城市才是幸福城市呢？

在走访世界各地的城市过程中，我总喜欢与当地的城市居民就幸福感的话题进行交谈，从中得到不少启发。这些年，我结合国内市民的普遍意愿，总结出了普通市民对幸福城市的五个评价标准：物质有保障、环境利安康、情感有寄托、精神有追求、社会有公平。

需要说明的是，这五个维度并不是相互割裂的，而是密切联系、相辅相成的，物质有保障、环境利安康是实现幸福城市的第一个层次，即物质幸福；情感有寄托是实现幸福城市的第二个层次，即情感幸福；精神有追求、社会有公平是实现幸福城市的第三个层次，即精神幸福。

第一节　物质有保障

"忆昔开元全盛日，小邑犹藏万家室。稻米流脂粟米白，公私仓廪俱丰实。"杜甫在其《忆昔》中描述了唐朝开元年间百姓的富足生活：连小县城都有上万户人家，丰收连年，粮食装满了公家和私人的仓库，人民生活十分富足。

时隔千年，衡量物质生活富足与否的标准早已不只是吃饱穿暖这么简单了。在当今社会，评价一个城市是否能够保障居民的物质生活，至少应该考量三个方面：居民的收入水平是否足以使他们过上有尊严的生活？居住条件是否足以保证他们的身心健康？社会保障是否能够保证所有的居民没有后顾之忧？只有当这三个问题的答案都是"是"的时候，这个城市才算是实现了物质有保障。

建设幸福城市，物质保障是基石，只有人们生存所需的衣、食、住、行等物质条件得到满足后，才能更好地去追求更高的精神幸福，在幸福城市建设过程中，政府应当时刻把握住"民生"这个中心，为幸福城市的建成奠定坚厚的基石。

1. 较高的收入水平

城市居民的物质生活是否得到了充分的保障，主要取决于居民的收入情况。没有足够的收入，就无法保证相对舒适的生活，更无法保证老百姓所追求的稳定感。那么，怎么衡量居民的收入水平呢？

我认为，衡量城市收入水平，主要依据三个指标：平均收入水平、基尼系数、恩格尔系数。

对于普通城市居民来说，收入主要来源于工作。因此，城市平均收入水平和城市平均工资水平呈正相关。城市平均工资，指某城市一定时期内（通常为一年）全部职工工资总额除以这一时期内职工人数后所得的平均工资，即：城市平均工资＝（一年内）全部职工工资总额÷（一年内）职工人数。

近年来，我国城镇居民的平均工资水平不断上升。至2011年，广州的平均工资已经达到57473元，居全国各城市之首，北京以56061元排名第二，南京则以54713元排名第三。

平均工资的提升随即带来平均收入的增加，但是，平均收入并不能完全客观反映居民的真实生活水平。如果一个城市的贫富差距较大，那么衡量这个城市居民生活水平的高低，还要更多地考虑那些收入低于平均收入的人群。因此，衡量收入水平的第二个指标就是基尼系数。

基尼系数是衡量居民收入差距的一个重要指标，是意大利经济学家基尼于1922年提出的，定量测定收入分配差异程度，其值在0和1之间。越接近0就表明收入分配越是趋向平均，反之，收入分配越是趋向不平均。下图是我国近年来的基尼系数变化情况：

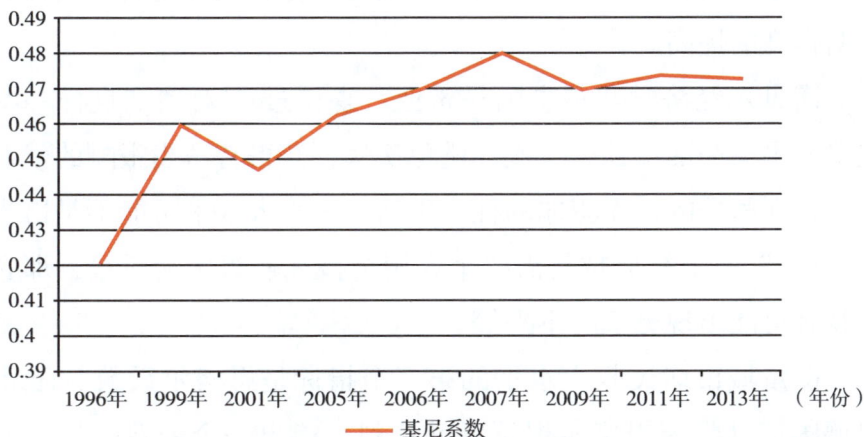

图1　我国1996—2013年期间的基尼系数变化趋势

129

幸福 城市才是最好的城市

从图中可以看出，近年来，我国基尼系数一直在 0.47 左右徘徊，这个数字其实是很不合理的。按照国际通行标准，基尼系数低于 0.3 为过分平均状态，0.3—0.4 属于正常合理区间，大于 0.4 表明收入差距过大。国际上通常把 0.4 作为贫富差距的警戒线。我国当前的基尼系数已经超过了国际贫富差距的警戒线，贫富差距问题已不容忽视。

反映在城市内部也是如此，城市低收入人群的数量变化和收入变化比平均收入水平更能反映城市整体的收入水平。如果在低收入人群庞大、收入与平均值差距甚远的情况下，再用"平均收入水平"来反映城市居民的收入水平的提高，则更多的可能是城市贫富差距拉大的标志，而非收入水平提高的表现。

瑞典的基尼系数为 0.30，属于世界上收入差距最小的国家之一。瑞典给世人展示的不只是爱立信、沃尔沃、宜家这样一些象征经济实力的企业或品牌，更是一个公平、透明的社会。免费教育和全民医疗保险制度，使得瑞典人不需要为孩子上学存钱，也不需要为自己退休后看病存钱。瑞典的穷人生活得很体面、很有尊严，这不仅直接决定着社会的和谐与稳定，也体现着人类社会文明程度的提高。

诺贝尔经济学奖得主阿马蒂亚·森说过："对诸如这样一些重要的事——活得长久一些，避免疾病，获得有适当报酬的就业机会，在和平的、无犯罪的社区生活——收入水平可能不是恰当的指标。"一个社会越是需要个人用金钱来购买生活质量，那它就越有可能出现更多的不平等。

衡量城市居民收入水平的第三个指标是恩格尔系数。19 世纪德国统计学家恩格尔根据统计资料，得出一个消费结构的变化：一个家庭收入越少，家庭收入中（或总支出中）用来购买食物的支出所占的比例就越大，随着家庭收入的增加，家庭收入中（或总支出中）用来购买食物的支出比例则会下降。因此，恩格尔系数是衡量一个家庭或一个城市乃至国家富裕程度的主要标准之一。恩格尔系数是食品支出总额占个人消费支出总额的比重。恩格尔系数的计算公式为：食物支出变动百分比 ÷ 收入变动百分比 ×100％ = 食物支出对收入的比率。

众所周知，吃是人类生存的第一需要，在收入水平较低时，其在消费支出中必然占有重要地位。随着收入的增加，在食物需求基本满足的情况下，消费的重心才会开始向穿、用等其他方面转移。

联合国根据恩格尔系数的大小，对世界各国的生活水平有一个划分标准，即一个国家平均家庭恩格尔系数大于 60％ 为贫穷；50％—60％ 为温饱；40％—50％ 为小康；30％—40％ 属于相对富裕；20％—30％ 为富足；20％ 以下为极其富裕。20 世纪 80 年以前，我国城市居民恩格尔系数一直在 55％ 以上；1994 年以来，我国恩格尔系数一直在 50％ 以下。到 2008 年，我国城镇居民家庭食品消费支出占家庭消费总支出的比重已经达到 37.9％，跨入了相对富裕的行列。

收入水平对居民幸福生活的重要性不言而喻，应确定好城市居民的最低收入线，不断提高生产率，优化产业结构。不是通过压低工资来发展经济，而是通过发展经济来扩大居民收入，这样才能使得我们的城市居民实现共同富裕，收入水平水涨船高。我们在评估一座城市的收入水平时，只有综合运用城市平均收入水平、基尼系数和恩格尔系数这三个标准，才能更科学有效地判断收入状况。

2. 良好的居住条件

我国改革开放已经三十多年了，人民的生活水平有了极大的改善和提升。国内居民的收入不断提高，尤其是在城市里，人们已越来越有能力购买昂贵的奢侈品，或者越来越多地进行种种娱乐休闲消费。可以说，这些年来，我们的生活总体上真的变好了。但是，就在经济迅猛发展的今天，就在霓虹闪烁的繁华城市里，仍然有许多偏僻的角落，没有被幸福生活的阳光照耀。在这些角落里，有孤寡老人、残障人士等低收入者，甚至还包括了一些收入并不低的人群。

为什么收入不低的人群也生活得如此艰难？因为房价。近年来，我国以一线城市为首的大中城市房价呈现了近乎爆炸性的增长，已经超出了普通老百姓的承受能力。面对如此高昂的价格，许多在城市工作、结婚而必须买房的年轻人不得不承受二十年、三十年的巨额贷款负担，成了一辈子的"房奴"。每个月把将近一半甚至一半以上的收入拿去还贷款，在这样的生活重压之下，何谈幸福？

以上只是关于房价的问题。其实，衡量城市里是否具备良好的居住条件，要综合考量三个方面：房价、居住便利性、居住环境。相应地，良好的居住条件要符合这三个标准：房价合理；居住便利性高；居住环境绿色环保。

以北京为例，北京的房价和房租为什么如此之高？除去种种特殊因素，商品价格的高低根本上仍然取决于供求关系。在北京，与房屋的巨大需求相比，房屋的供给显得十分短缺。这个问题不只涉及普通商品房的供给，更涉及经济适用房、廉租房等保障性住房的供给。尽管 2013 年年底的时候，北京市政府承诺 2014 年将竣工 10 万套保障房，但截止到目前，房屋供给问题仍然比较严峻。

与北京的住房问题形成鲜明对比的是，香港的廉租房建设做得却很好。香港也是全球闻名遐迩的国际大都市，甚至是仅次于伦敦和纽约的全球第三大金融中心，地少人多，寸土寸金，普通商品房平均每平方米要 4 万多港元，很多低收入者一辈子也买不起房。即使在市场上租房子，港岛月租金每平方米也要 200 多港元。

为了使低收入者有其屋，香港政府建造公屋，以较低廉的租金出租给暂时没有能力购房的人士。公屋平均每平方米月租 47 港元，每户月租金平均不到 1500 港元。公屋虽然居住面积较小，但生活设施齐全，交通出行也很方便。这些租金低、配套好的廉租房，给了三分之一的香港人以安身之所。

公屋租金不但低廉，经济困难的公屋住户还可减免一定的租金，而经济条件好的公屋住户则要缴较高的租金。

公屋是提供给低收入者的住房保障，为了保证公平，公屋的申请和租住制度十分严格，包括对申请人身份的限制和家庭收入、财产的限制。只有达到条件的申请人才有资格排队等候入住公屋。政府设置了公屋轮候册，并严格按照登记的先后次序及申请人选择的地区，依次办理审查和分配手续。轮候情况公开透明，申请人可以通过电脑网络查询。

香港的经济水平有目共睹，但是无论经济多么发达，都会有低收入者的存在。这些低收入者需要政府的帮助，而政府也应该让经济发展带来的红利惠及全社会。香港的做法并非是个例，在国际上、在发达国家中，这也是普遍现象。新加坡、德国也都有类似做法。简言之，居者有其屋，是公平的需要，也是建设幸福城市的需要。

我们的城市应该反思自身，城市居民的居住条件是否与所谓的 GDP 脱节了？

改革开放带来的好日子是不是还有很多人没有分享到？如果真的理解"居住"本身的意义，就应该做一些实实在在的事情，惠民于"有形"。

衡量城市居住条件的第二个标准是居住便利性。一个城市里，即使房价不高，但是如果市政配套不完善，交通不方便，居民出行困难，也不能认为居住条件是良好的。居住配套设施和交通情况直接影响着居民的生活质量。

居民区的配套设施包括社区商业、学校和医院。社区商业是满足居民综合消费的重要载体。社区商业中心内不仅应该包括各类菜市场、超市、便利店、百货商场等购物场所，还应该包括餐饮、美容美发、KTV、电影院等休闲娱乐场所，以及药店、邮局、银行等综合性服务场所。这种综合性、多元化的商业形态不仅能够满足居民的生活需求，还能提高居民的综合生活质量。

居民区附近的配套条件自然不能少了学校和医院。学校的种类要至少包括幼儿园、小学和初中；在医院方面，要保证居民区3公里以内就有综合性的医院。

交通条件是影响居住便利性的关键因素，城市里的交通条件既包括公共交通，也包括私人交通。

发达的公共交通应该能够做到连接城市任意两点之间，包括公交车和地铁、轻轨。除了主要公共交通线路外，还要能够解决小区与公交站点的"最后一公里"问题。有一位城市青年在接受某媒体采访时说，他去公司上班要先乘地铁，不过下了地铁后，离公司还是很远，虽有免费自行车，但"只能使用1个小时，骑到公司又没地方还，如果下午下班才还，要交20多元费用……"仍无法解决"最后一公里"问题。

"最后一公里"问题已经成为许多城市的难题，要解决这个问题，除了搭建更合理的公共交通线路外，还需要找到合适的末端交通工具。

随着我国汽车工业的发展和居民收入水平的提高，城市居民对私家车的需求越来越大。在中国的"计划经济"时期，汽车一直被作为重要生产资料管理，是以团体使用为主的生产工作工具。然而，随着中国改革开放的不断深入，这一情况发生了根本变化，汽车开始大规模地步入寻常百姓家。但与这种巨大的需求相矛盾的是，由于环境破坏严重、道路压力过大，一些大城市陆续开始实行买车"摇号"和开车限号制度，且这种趋势还有扩大之势。

在这样的政策之下，私家车也不是有钱就可以随意买的了。虽说面对环境问题和道路压力，"摇号"也是没有办法的办法，但是确实可以说，在某些地方，私家车牌照似乎成了昨日的"三指膘"，愈发紧俏了。

除了私家车问题以外，"打车难"似乎也是许多大中城市的通病，就一些城市来说，想在马路上直接拦到一辆空的出租车，简直比在高峰时段挤地铁还难。虽然打车软件或者订车电话在一定程度上为乘客提供了方便，但是没有从根本上解决问题，在很多路段打车依然很难。与此伴生的是，黑车盛行了。地铁口、车站旁、小区旁到处都是"趴活儿"的黑车，这的确客观上为居民提供了方便，但也由此埋下了许多安全隐患。城市要提高居住便利性，还得在交通问题上下更多功夫。

评价居住条件的第三个标准是居民的居住环境。良好的居住环境让人心情舒畅愉悦，能住在安静祥和、环境怡人的小区，大概是许多城市人所向往的。缺少个性特色、缺少文化元素、缺少生态规划，是我国城市居住环境突出的缺点。缺少个性特色，就是说城市的建筑、社区、街道、城区，千篇一律，同质化严重；

缺少文化元素，就是说城市建设割裂了民族的文化传统血脉，变成了一堆堆钢筋水泥的堆砌物，没有了乡愁、没有了温情、没有了灵魂；缺少生态规划，就是说城市建设切断了城市同大自然的联系，切断了土地、天空、空气、水脉、森林、绿地等的有机联系，变成了无生气的建筑荒漠。

幸福城市一定是一个能提供良好居住环境的城市。在这里，不再因为人口过度密集而喘不过气来，上班和住地控制在 30 分钟之内，有众多舒适的卫星城可供选择，不再为拥挤的上班路而痛苦不堪。而自己休息和生活的小区则绿树成荫，空气清新，宛如城市森林。

让我们看一个小例子。在美国洛杉矶市内，有一个小小的"城市村落"，人们都称它为"生态村"。生态村其实是一个社区，里面只有不到 100 个社区成员。虽然社区规模很小，但他们都在用自己的行动证明：即使身处城市里的小区，人们也可以"自然"的方式生活。

社区里的居民用生态建筑的理念改造了原有的公寓楼，在楼顶上安装了太阳能电板，充分利用灿烂的阳光；在房间里安装废水回收系统，最大限度地节约水资源；他们还用生态环保材料来装修，比如选用以回收的碎木块或者旧轮胎制成的地板。他们不安装空调，而是利用木质的百叶窗和遮荫植物来降低室内温度。

在生态村里，人们的生活方式也是"自然"的。社区每周都会举办素食聚餐，每个人都带上自己做的拿手素菜。他们鼓励"无车生活"，生态村中现在有一半的居民都没有汽车。生态村里没有整齐划一的草坪，而是种满了各种果树和鲜花。居民们将共有的庭院打造成了一片食物森林，各种水果蔬菜应有尽有。

洛杉矶生态村的规模虽然很小，可是它告诉我们：居住在城市里不代表居住在一个固定的框架里，在城市里居住和在一个绿色花园里居住并不矛盾。

良好的居住环境需要每个人的努力。在现代城市尤其是大中城市里，到处都是居民小区，如果我们以小区为单位，从完善小区开始做起，就能一点一点蔓延到整个城市，让整个城市更加美好。

从"生态村"的案例中不难看出，这种生态小区能够形成的关键在于居民的共识，即这种崇尚自然的生活方式能够得到小区居民的认同。反之，即使政府硬性规定小区该如何如何做，如果小区居民都不认同，没有居民的配合，一切措施最终也只能流于形式。所以，建设生态小区，第一步要做的就是让居民认同这种理念。

一种观念被人们认同，离不开坚持不懈的宣传推广，不仅靠政府，也要靠社会的广泛推动。在今天的时代，崇尚自然、生态的生活方式和环境，已经是人们的普遍向往。从观念到行动，还有很远的路程。

具体实施中，可以先从某些条件较好的小区特别是高档小区开始，以他们作为示范区。人都喜欢追求美好的事物，同时也喜欢追随潮流。选择高档小区作为试验地，一旦做好，就更容易使生态、自然的生活方式成为一种时尚，使人人动手、共同建设美好家园成为一种时尚与习惯。

在切入点上，可以先从最具有操作性的地方做起，比如尽可能普及太阳能加热设施，减少对电和燃气的依赖；在小区多多种植能够遮荫的植物，提倡居民尽可能少用或不用空调；将原有的草坪划出一部分用以种植蔬菜、果树；提倡居民在家里安装简单的水循环系统，例如，让厨房洗菜池和卫生间洗手池流下的水直接注入马桶的水箱以备冲水使用。对于以上这些设施的改造，政府可以提供一定的补贴，鼓励更多的家庭参与进来。

一个新举措能否成功进行下去，本质上是由民众自己决定的。如果这项举措能给他们带来实实在在的好处，自然就容易推广；反过来，如果举措不见效果，那即使政府大力推行，也如逆水行舟，进退维谷。因此，城市政府在努力构建这样的生态小区的时候，不光要描绘理想的愿景，还要让大家感受到眼前的益处，比如生活成本下降或居住更有乐趣等，切忌借着社区转型乱收费，导致该举措受到普遍抵触。

社区环境决定了城市居民的居住环境，一个个社区就像城市的一个个细胞，只有细胞充盈了，整个城市才能焕发生机，才能成为幸福城市。衡量城市的居住条件，还有许许多多细节的方面，但是对于老百姓居家过日子来说，房价、居住便利性和居住环境这三方面是最基本的，也是最重要的。

3. 健全的社会保障

对于现代城市来说，其社会发展的成熟程度，不仅取决于经济发展的水平，也取决于社会保障制度的完善程度。因为普通百姓的收入毕竟是有限的，如果说收入的高低直接影响城市居民的生活质量的话，社会保障则影响居民生活的底线。没有生活底线保障的社会是不稳定的社会，更不是幸福的社会。因此，建设让老百姓觉得"有用、好用、用得上"的社会保障，是幸福城市建设的必备内容。

改革开放以来，我国城市都经历了前所未有的巨大发展，但是沿海与内地，东部与中西部之间的差距仍然存在，并且有拉大的趋势。历史基础的原因、国家政策的原因、观念的原因，使得一些西部地区的经济发展依然相对落后，与此相对应的是，这些地区的社会保障水平依然很低，如许多退休人员不能按时足额领到退休金，许多低收入家庭和残疾人得不到应有的保障，许多年轻人找不到工作，还有许多病人看不起病。即使在东部一些发达城市，社会保障的建设也存在很多不足。

评价社会保障是否完善，主要有三个方面：医疗保险、养老保险、低收入保障。

医疗保险是为补偿疾病所带来的医疗费用的一种保险，是职工因疾病、负伤、生育而需要就医时，由社会或企业提供必要的医疗服务或物质帮助的社会保险。我国职工的医疗费用由国家、单位和个人共同负担，以减轻企业负担，避免浪费。发生保险责任事故需要进行治疗时，按比例付保险金。

在现代社会，医疗保障是所有人一生都需要的，因此医疗保险制度应当体现强制性、全民性，在此基础上，由于每个人的情况不同，医疗保险制度又应该具备更多的可选择性。

德国是世界上最早建立社会保障制度的国家，它一直坚持推行强制性的社会保险制度，表现在医疗保险上亦是如此。德国实行的是一种强制性的、以社会健康保险为主、辅之以商业保险的医疗保险制度。其以法定保险为主体，同时，为体现多元化原则，私人保险也是德国医疗保险的组成部分，占有重要的地位。在德国，公民就业后可视其经济收入多少，自由地在法定的社会医疗保险和私人保险之间进行选择。同时，公民也可在参加法定社会医疗保险的基础上，参加私人保险所提供的补偿保险险种。凡不符合参加私人保险者必须强制参加法定医疗保险。这种强制性的社会健康保险制度覆盖了德国 91% 的人口，加之商业保险的作用，德国整个健康保险制度为其 99.8% 的人口提供了医疗保障。公民不管参保哪一个医疗保险基金组织，都能享受法定医疗保险服务。

美国的医疗保险制度虽然存在很多问题，比如覆盖面窄、成本高，美国的历届政府也为此大为头疼，但也有值得我们借鉴的地方，就是保险分类项目很细。在美国，居民可以根据自身情况进行选择，如普通医疗险、家庭医疗险、专科医疗险等。

普通医疗险，指的是所有人都必须有的医疗险，也叫基本医疗保险，是以年龄和家庭人员来确定保险额度的。比如年满18岁的年轻人每个月付40美元左右，门诊费和药费的自付额一般为40%左右。即诊费和药费加起来100美元的话，自己要付40美元。从25岁以后，每5年算一档，每一档上调50%保费。而年满65岁以后，则由政府支付所有的医疗保险费用。

家庭医疗保险是以夫妻双方年龄小的一方为保险费档起算，第二位以上的家庭人员的保费，大概每人只需多加20%，其孩子未满18岁可以单保，也可以算入家庭成员合保。

专科医疗保险的分项很细，譬如牙医保险就分为洗牙、补牙、植牙、拔牙、矫正、牙周病、X光检查……保险项目数量决定保费。

同样，每个人都可以根据自己的家族史、病史和身体状况购买不同的保险。也可以选择不同的专科。突发病时，根据购买的不同的医疗保险项，保险公司支付保险项内部分，病人自己承担未买保险的部分。

以上只是美国的医疗保险"制度"，更重要的是，这些制度让贫困的人也能"用得上"。因为在美国，自己承担不了医疗费用时可以申请贷款，政府会给一部分资助，医院也会根据每个人的不同情况减免部分医疗费用，而很多社团或公益组织都会伸出援手。没有医院会因为病人付不出医疗费用而拒绝施救，因为社会舆论和媒体报道会让这种医院关门。

衡量城市社会保障情况的第二点是养老保险。养老保险，全称社会基本养老保险，是国家和社会根据一定的法律和法规，为解决劳动者在达到国家规定的解除劳动义务的劳动年龄界限，或因年老丧失劳动能力退出劳动岗位后的基本生活问题而建立的一种社会保险制度。养老保险是为了保障老年人的基本生活需求，为其提供稳定可靠的生活来源。

日本的养老保险制度就相对比较稳定和完善，值得我们学习和借鉴。日本在 1961 年建立了基础养老金制度，规定 20 岁以上的国民都有义务加入基础养老金，实现了"全民皆有养老金"。随着经济的发展和社会的变化，日本又在国民养老金的基础上建立了以企业薪职人员为对象的厚生养老金和以公务员为对象的共济养老金。

国民养老金和厚生养老金保险费的征收是强制性的，国民养老金的资金来源于个人缴纳的保险费和国家财政预算，厚生养老金和共济养老金的资金由个人和企业对半分担，国民养老金和厚生养老金采用"后代人扶养前代人"的社会保险方式，由国家统一管理，所以又称为公共养老金。

日本养老金的支付除了基础部分之外，还考虑物价和工资的增长。也就是说，在养老金支付额中还包括随工资上升而增加的"工资滑动"部分和随物价上涨而上浮的"物价滑动"部分。目前，一对老年夫妇只要他们在退休前缴足了公共养老金保险费，就能每月领到金额为 23 万日元的养老金，相当于在职人员平均实际月收入的 80%。在有自己住宅的前提下，生活费、医疗费、交通费以及通信费和娱乐费都能得到基本保证。

养老保险是社会保障制度中的重中之重，健全的养老保险制度可以让更多居民少去许多后顾之忧，对当前的经济有较强的促进作用，因此不容忽视。

健全的社会保障还要包括第三个方面：低收入保障。近年来，低收入群体的居住、医疗、教育、基本生活等问题，引起了社会的广泛关注，政府也先后出台了一系列相关政策，以保障低收入群体的生活。如"最低生活保障"，即国家对家庭人均收入低于当地政府公告的最低生活标准的人员给予一定现金资助，以保证该家庭成员的基本生活所需。另外，一些城市在住房方面会优先照顾低收入者，如经济适用房、廉租房等。

其实，对低收入群体的保障措施还可以做得更加完善。应考虑低收入者各方面的困难和需求，不只是住房问题，还应该包括就业、教育、医疗等方面。

例如，美国为了解决低收入群体的就业问题，大力加强职业培训，使失业保险由消极救济转变为促进就业。具体做法为：允许把失业救济金用于再次培训和再次就业工作；使用失业保险救济金作为再就业的担保，对长期找不到工作而又达到救济期限的失业人员，适当延长救济时间，在一般情况下，全国平均为16周；对破产和关闭企业的失业人员，组织6个月的就业训练。

在医疗方面，美国政府针对低收入群体的保障制度主要有医疗照顾和医疗援助，为65岁以上和伤残社会保障受益人支付大部分住院和医疗费用。医疗照顾获得者中有10%是贫困者，25%是收入低于贫困线的人。新加坡政府也有"保健基金计划"，由政府出资设立基金，对无力支付医疗费的穷人给予医疗补助。

在教育方面，日本政府为经济困难的贫困生设立了无需支付利息的"借贷学金"；美国政府也设立有多种无息或低息的贷学金，同时由学校安排，让贫困学生到学校、社区、政府及非营利机构参加公益性工作，可以获得不低于联邦政府规定的"最低工资标准"的收入。

城市要建立健全的社会保障制度，就要考虑社会的方方面面，这些保障不但要依靠制度，更在于执行程度。不管多好的保障制度，只有落到实处才是根本。毕竟，衡量社会保障充分与否的标尺，都在民众心中。

保障和改善民生是一项长期工作，可以说，这是一项没有终点站，只有连续不断解决新问题的长期而艰巨的任务。唯有不惧困难，坚定信念，才能打败一个又一个"拦路虎"，为市民创造更多的幸福。

社会保障是一首诗，颂出爱民惠民的新乐章；社会保障是一首歌，唱出美好幸福的新生活；社会保障更是一艘船，承载幸福城市的新希望。

第二节　环境利安康

大自然是有情又无情的，人若顺从它，便接受恩典，人若反抗它，就会招致灾难。可以说，自然是善良的慈母，也是冷酷的屠夫。人们的每一次呼吸都是在和生态打交道，在清醒和沉睡中的每一秒，都无法离开自然环境。因此，衡量一座城市是不是幸福城市，要看这座城市是否能处理好和自然之间的关系。

丰富的物质固然会带来舒适的生活，但如果城市的环境很差，又脏又乱，出门必须戴口罩，满大街弥漫着汽车尾气的味道，交通事故频发，喝口水也得小心翼翼唯恐中毒。那么这样的城市，就缺少安全感，即便再富足，恐怕也不会让居民觉得幸福。

良好的生态环境是最普惠的民生福祉。城市是否足够环保，已成为衡量城市幸福程度的重要依据。如何判断城市是否环保，我认为可以从三个方面分别评判：空气清新、水质优良和市容整洁。

1. 空气清新

空气质量的重要程度人人皆知，毕竟谁都离不开空气。如果说喝水还可以买矿泉水、纯净水、蒸馏水来替代集中供应的水，那么空气可就真是一视同仁了，不分贫富贵贱，绝不厚此薄彼。

由于工业的发展，我们很多城市的空气都受到了污染，直接对我们造成伤害，人们疾病的发生率也逐年提高。清新的空气是人类赖以生存的必要条件之一，一个人在五个星期内不吃饭或五天内不喝水，尚能维持生命，但超过 5 分钟不呼吸空气，便会死亡。人体每天需要吸入 10—12 立方米的空气。因此空气质量的好坏与人类的生存息息相关。

从空气中污染物成分的角度出发，可以确定衡量城市空气质量的三个主要指标：悬浮颗粒物浓度、二氧化硫含量、氮氧化物含量。

总悬浮颗粒物主要指可吸入颗粒，这是大气降尘的主要污染指标。大气中的总悬浮颗粒物主要来自工业废气、建筑扬尘、交通尾气、物质燃烧等。它含有可损害神经系统的铅、汞、锰等，还有致癌物苯并芘、砷、铬等。

总悬浮颗粒能吸附有害气体、液体、细菌等。目前，许多国家对粒径小于 10 微米不能被人的上呼吸道阻挡的可吸入性颗粒（即 PM10）非常重视，尤其是粒径小于 2.5 微米的可吸入性气溶胶（即 PM2.5）。这种气胶微粒被吸入人体后，会渗透到肺部组织的深处，可引起支气管炎和肺癌等病变。

在 1996 年修订的国家环境空气质量标准中，已增加了 PM10 的控制标准，但考虑到对人体健康危害最大的是 PM2.5，2011 年 1 月 1 日开始，环保部发布的《环境空气 PM10 和 PM2.5 的测定重量法》开始实施，首次对 PM2.5 的测定进行了规范，但在环保部进行的《环境空气质量标准》修订中，PM2.5 并未被纳入强制性监测指标。

PM2.5 即细颗粒物，指空气中直径小于或等于 2.5 微米的颗粒物。它能较长时间悬浮于空气中，其在空气中含量浓度越高，就代表空气污染越严重。虽然 PM2.5 只是地球大气成分中含量很少的组成部分，但它对空气质量和能见度等有重要的影响。与较粗的大气颗粒物相比，PM2.5 粒径小，面积大，活性强，易附带有毒、有害物质，且在大气中的停留时间长、输送距离远，因而对人体健康和大气环境质量的影响更大。

环保的城市必然是空气清新的城市，而 PM2.5 恰恰是居民最关注的指标，也是判断城市空气清新度的依据。目前，我国的 PM2.5 标准值为 24 小时平均浓度小于 75 微克 / 立方米为达标，这一数值与国际标准相比相差甚远。世界卫生组织认为，PM2.5 标准值为小于每立方米 10 微克。年均浓度达到每立方米 35 微克时，人患病并致死的几率将大大增加。幸福城市空气的 PM2.5 评判标准，建议还是参照国际标准更为恰当。

衡量空气质量的第二个指标是二氧化硫含量。二氧化硫主要由燃煤排放引起。二氧化硫在大气中会氧化而形成硫酸盐气溶胶，毒性将增大 10 倍以上，它将会严重危害人体健康，导致胸闷、眼睛刺激、呼吸困难，甚至呼吸功能衰竭。在此环境下的降水便是酸雨，它会使水质及土壤酸化，从而导致鱼类和植物大量死亡。

　　二氧化硫曾是一些发达国家在工业发展时期的主要污染物。被列为世界八大公害事件的比利时马斯河谷、美国的多诺拉等烟雾事件，均系二氧化硫严重污染所致。我国是燃煤大国，每年的二氧化硫排放量居世界前列，所以对二氧化硫及其次生污染的防治必须加大力度。

　　要保持城市空气清新，就必须严格限制二氧化硫的排放，节约能源、降低能源消耗，减少燃料资源的使用。节约资源的措施有很多：使用太阳能热水器，减少对电和燃气的使用，多吃一些加工程序简单的食物，使用低功率的电器等。

　　衡量空气质量的第三个指标是氮氧化物含量。氮氧化物指一氧化氮和二氧化氮，主要由机动车尾气造成。它对人们呼吸器官有较强的刺激作用，可引起气管炎、肺炎、肺气肿等呼吸道疾病。氮氧化物与水可生成硝酸盐、亚硝酸盐。进入人体，可生成强致癌物亚硝酸氨，也可与人体血液中的血红蛋白结合，使人产生缺氧症状。1952 年美国洛杉矶光化学烟雾事件的罪魁祸首便是氮氧化物。此外，它还使植物大面积受损。

　　随着城市现代化交通的高速发展，我国许多城市的氮氧化物严重超标，由机动车的激增引发的光化学烟雾污染，在许多城市已被环境监测部门发现。我国对大气污染的控制十分有限，主要针对一些常规污染物，如二氧化硫、烟尘、工业粉尘等。虽然通过努力，这些污染物排放量有所减少，但是环境污染的严峻形势并没有得到扭转，大气中的氮氧化物污染已经呈现出明显的恶化趋势。遗憾的是，很多城市的政府部门对此并没有给予足够的重视，因此氮氧化物污染并没有得到应有的控制。

　　许多发达国家的城市早早就走上了保护城市空气清新的道路，虽然这条路也有过崎岖的路段，但是这些城市发展到如今，早已成了空气清新的楷模。

1999 年，日本东京约有 633 位哮喘等呼吸道疾病患者状告地方政府和七家柴油汽车企业。这些患者基本上都居住在东京国道沿线，他们认为致病的原因是汽车尾气，要求被告给予赔偿，并要求政府对汽车（特别是柴油车）的尾气排放实施限制。

汽车尾气正是城市里氮氧化物的主要来源，东京因此推出了限制汽车尾气排放的法规。新法规实施的第一天，在所有进入东京的高速道路入口，以及各主要道路的入口，交警让司机发动汽车引擎，然后用白毛巾堵在尾气排放口进行检查。如果白毛巾变黑，则说明该车没有按规定安装过滤器，这辆车就会被禁止进入东京。

如今，日本汽车在出厂时都已安装了过滤器，排放标准达到了欧洲三级标准，东京的空气质量也因此大幅提高。

一切都在变化发展中，我们的城市虽已成型，可是依然在不断变化，不断升级。可是这种升级在朝着什么方向走呢？是要建设越来越多的高楼大厦，还是要吸引越来越多的 500 强来落户？这些目标都挺好，可是，我们总要记得什么才是最根本的。空气，它无处不在。如果空气都变质了，还能指望其他方面的"可持续"吗？

为了城市的未来，我们必须减少污染物排放。除了上述三种污染物以外，还要减少二氧化碳、氟利昂（氟氯代烃、氟氯代烷）等的排放。每个城市居民都有保护环境、保护空气的义务，应从身边小事做起，比如尽量使用公共交通出行，买车时选择小排量的车，减少空调的使用频率等。

恩格斯在《自然辩证法》一书中曾深刻地指出，"我们不要过分陶醉于我们人类对自然界的胜利，对于每一次这样的胜利，自然界都会对我们进行报复"。的确，历史上美索不达米亚、希腊和小亚细亚等地的居民，为了得到耕地，毁灭了森林，而今天这些地方都成为了不毛之地。历史教训，值得深思。

实际上，中华文明传承五千多年，已经积累了丰富的生态智慧，比如"天人合一""道法自然"的思想。只有我们足够珍视大自然，大自然才能托起我们的幸福。可以说，如果一个城市里人人都有环保意识，人人都能在生活中注意节约能源，减少污染物排放，那么无论是现在，还是未来，这座城市都会充满令人神清气爽的清新空气。

2. 水质优良

日常生活中，城市用水的品质与我们息息相关。在许多发达国家，由于水质良好，自来水甚至可以直接饮用。在日本，直接喝凉水，如果闹肚子就是事故。而在我们的城市里，这似乎是想都不敢想的事情。

如何判断城市的水质好坏呢？标准有两个：一是水质情况，二是水质的监管水平。

我国将地面水分为五大类，并规定作为集中供水水源，水质要求必须是Ⅱ类标准（主要适用于集中式生活饮用水、地表水源地一级保护区，珍稀水生生物栖息地，鱼虾类产卵场，幼鱼的索饵场等地）。另外，我国卫生部规定，生活饮用水是由集中式供水单位直接供给居民作为饮水和生活用水。这就是说，饮水和生活用水的水质要求是一样的。生活用水包括了洗碗、擦地、淋浴、洗漱、洗衣服等用水，用于这些生活活动的水也就可以适用于饮水。但是实际情况并不理想，在一些城市里，老百姓要喝水，首先得过滤自来水或者购买桶装水，然后再把生水加热到沸点，才能放心地喝下去。即便这样，也依然无法完全保证饮用水的安全。

饮用水的安全性对人体健康至关重要。解决我国的供水水质问题是保障饮用水安全的当务之急，而保证供水水质的主要手段就是严格制订和强制实施水质标准。

在日本，无论在家里、饭店里还是公园里，人们随时随地打开水龙头就可以放心饮用。很多公共场所都设立了饮水处，安装了特制的朝上的龙头，方便群众饮用。

日本的优良水质和日本政府对水质制订的严格标准是分不开的。为保证自来水水质安全，日本于 1955 年 6 月 15 日制定了《自来水法》。厚生劳动省据此制定了《关于水质标准的省令》，对水厂取水地点、检查次数等都做了具体规定。要想确保自来水的安全，必须从保护水源做起。1994 年 3 月 4 日，日本制定了《促进自来水原水水质保护法》，要求对自来水的水源地进行保护，以提供安全和稳定的自来水，提高公共卫生和生活环境。该法对自来水企业和地方政府需要采取的保护水源措施都进行了严格规定，包括生活污水的处理、养殖场家畜粪尿的处理都进行了严格规定，未经处理严格限制排入河流。

日本的现行水质标准是 2003 年设置的，包括 50 个项目，对水银、锑、硼、亚硝酸氮、氟等的含量进行限制。日本还设有"水质管理目标设定项目"，通过检测来避免自来水在流经水道过程中发生质量变化，即从原水到自来水龙头，都要随时注意水质状况，以便迅速发现有关危险。由于水质安全一直是最受市民关注的问题，法律还规定自来水企业在每年度开始前，以用户容易获得的方法提供相关信息。此外，日本一些相关机构一直在对水质标准进行新的研究，经常根据最新的科学知识进行修改。

除了水质标准以外，判断城市的水质是否优良，还要看城市保护水质的监管水平。

若要水质问题得到根本解决，必须要在监控上着手，彻底杜绝破坏水环境的行为，尤其要杜绝企业生产活动和大型项目建设导致的水污染。

大型工厂有时会排放有毒的化学物质，城市居民日常生活也会产生大量下水道污物，如果处理不好、监控不到位，很容易就会导致周围的水域受到污染。尤其是某些没有社会责任感的企业经营者，利润至上，为了节省排污成本，甚至不惜将有毒化学物质直接排放进溪流江河。因此，城市政府需要构建一个易于执行的环境监控机制。

什么样的监控最高效，最容易让排污企业受到约束？答案应该是：污染的信息越精确、越公开，污染者就越紧张、越不敢任意妄为。如何让污染信息精确透明呢？有一个人的做法很值得借鉴。那个人叫马军，一位著名环保人士，著有《中国水危机》。他做了一件很有意义的事：开发了几个地图——"中国水污染地图""中国空气污染地图""中国固体废物污染地图"。他建立了国内首个公益性的水污染和空气污染数据库，将环境污染情况以直观易懂的图表方式展现出来。只要点击这些地图，就可以看到相应地区的环境质量信息、污染物排放信息、企业监管信息。也就是说，任何人都可以通过这个数据库查找全国各地的水质信息、污染物排放信息和污染源信息，甚至可以找到超标排放企业和污水处理厂的信息。

造成污染的企业被记录在案，所有人都可以查到，给这些企业造成的压力可想而知。于是企业开始改进，然后请相关审核机构来确定自己是不是改变了以往的排污方式，是不是符合了环保标准，如果通过了这些审核，那么污染地图上的该企业污染记录也会被消除。

这些污染地图的设立为全民参与治污打开了方便之门。之所以说这是"打开了方便之门"，而没有说这是"解决了污染监控问题"，是因为这些地图只是一个信息平台，它提供的是信息，而信息使用的效果如何，还要依靠人。

水污染监控需要全民参与。这不是单靠机构和政府部门就能彻底解决的，没有谁比自己更关心周围的环境是否被污染，更关心自己和家人的健康是否被影响。所以，建立这样一个监控平台、一个信息平台，然后让全社会参与进来，正是城市政府所应该做的。

另外，城市中一些大型项目的建设也可能会影响到水质。目前，我国的城市建设正如火如荼，为了发展，许多大型项目纷纷上马。有些大型项目的建设经常会影响到周边甚至更广泛区域的生态环境。如果该项目不得不建，那么如何把这种对环境的负面影响降到最低？

是不是也可以做一个"项目建设污染地图"？效仿"水污染地图"，在项目动工前，将项目建设可能引起的环境指标变化录入数据库，供人查询、判断。如果这个项目对环境的影响没有或很小，就可以通过审批；如果预期该项目对环境的影响较大，或是无法证明对环境的影响程度，则不允许其动工。当然，前提是不能让这些客观数据受到人为的操控。

国内许多城市的主导产业都处于产业链低端，仅仅依靠成本战略带来的价格优势来保有或开拓市场。低端产业造成了大量的资源浪费和严重的污染，这些企业不但污染物排放多，甚至还很有可能不按规定排放。

对于这些容易造成环境污染的企业，可以考虑纳入城市周边建设生态工业园区。生态工业园是由制造企业和服务企业形成的企业社区，目的是最大限度地提高资源利用率，从工业源头上将污染物排放量减至最低，实现区域清洁生产。换句话说，就是在园区内，使上游企业生产过程中产生的废物成为下游企业生产的原料，也就是废物充分回收利用。这样，园区内企业之间就可以形成一个相互依存，类似于生态食物链过程的"工业生态系统"。

丹麦卡伦堡工业园区是目前世界上工业生态系统运行最为典型的代表。这个工业园区的主体企业是电厂、炼油厂、制药厂和石膏板生产厂，以这四个企业为核心，通过贸易方式利用对方生产过程中产生的废弃物或副产品，作为自己生产中的原料，不仅减少了废物产生量和处理费用，还产生了很好的经济效益，使经济发展和环境保护处于良性循环之中。其中的燃煤电厂位于这个工业生态系统的中心，对热能进行了多级使用，对副产品和废物进行了综合利用。电厂向炼油厂和制药厂供应发电过程中产生的蒸汽，使炼油厂和制药厂获得了生产所需的热能；通过地下管道向卡伦堡全镇居民供热，由此关闭了镇上 3500 座燃烧油渣的炉子，减少了大量的烟尘排放；将除尘脱硫的副产品工业石膏，全部供应附近的一家石膏板生产厂做原料；同时，还将粉煤灰出售，以供修路和生产水泥之用。

卡伦堡生态工业园还进行了水资源的循环使用。炼油厂的废水经过生物净化处理，通过管道每年辅送给电厂 70 万立方米的冷却水。整个工业园区由于进行了水的循环使用，年需水量减少了 25％。我们可以据此判断出，卡伦堡的水质，一定有足够的保障。

如果一个城市的政府部门能够将目光放得更加长远，不一味追求经济效益，更多得考虑产业或项目对环境、对水质的影响，同时在整体方案的设计上将环保放在更重要的位置上，那么很多大问题就成了小问题，很多小问题就不再是问题了。在那样的城市里生活，一定会感到更加幸福。

3. 市容整洁

就像没人会喜欢一张脏兮兮的脸，也没有人会喜欢一座脏兮兮、乱糟糟的城市。无论从健康的角度，还是从愉悦心情的角度来看，一个环保的城市必然市容整洁。如何衡量城市是否做到了市容整洁呢？其实，衡量市容整洁情况主要有三方面：城市管理情况、垃圾处理情况和绿地率。

如果街道尘土飞扬，人行道上都是果皮纸屑，墙角堆满垃圾，这样的城市无论如何也称不上是管理良好的城市。城市要做到市容管理到位，就要保持城市各区域都干净整洁，不仅包括街道、广场等大面积公共场所，还要包括小区内部和居民楼楼道等小面积公共场所。

具体来说，就是街道上没有大量尘土；广场、公园等公共场所的地面上没有乱七八糟的垃圾；街道两侧或其他公共场所的垃圾桶不能脏兮兮的长期没有清洁过；高楼大厦的外部不能有大片污渍；电线杆上不能遍布各种小广告；步行街、公园等休闲区域的桌椅必须定期擦拭，不能积满灰尘；公共水域，如公园湖泊不能散发异味等。

以上这些都是从城市的外观角度判断，其实还有一个更直观的角度，就是从领口、鞋袜的干净程度判断。且不谈其他国家的城市，我国就有一些城市非常干净，比如在厦门生活，即使多日不擦鞋也不见上面有灰尘，多日不洗衬衫，领口也不会脏得洗不出来。厦门的市容市貌更是干净优雅，所以也被评为我国十大适宜居住的城市之一。

随着城市人口的不断膨胀，城市环境承载的压力越来越大，其中,"垃圾处理方式"成了决定城市能否保持整洁市容的一个重要因素。

毕竟,只要在城市里生活,就会产生无数带有城市特色的生活垃圾,而只要产生垃圾,城市就要考虑怎么高效环保地处理这些垃圾。一旦处理不好,市容市貌、空气质量等都会受影响。

那么,如何处理垃圾才能保护我们的城市不被垃圾给"淹没"了呢?

在瑞典首都斯德哥尔摩的近郊哈姆滨湖城,有一排电子垃圾桶,分别用于接收食物垃圾、可燃物垃圾以及废旧报纸等不同类别的垃圾。垃圾桶通过各自的阀门与地下管道相连,阀门每天自动打开两次,让不同类别的垃圾进入地下管道。这些垃圾以每小时70公里的速度被输送到远郊,在计算机控制下自动分离并输送到不同的容器里,按需要循环利用,整个过程都由计算机控制。这个系统提高了垃圾传输和处理速度,以及再利用效率,环境保护程度也相应提高了。

再看看日本首都东京是怎么处理城市里产生的垃圾的。日本通常将生活垃圾分成四类:可燃垃圾、不可燃垃圾、资源垃圾、大件垃圾。可燃垃圾包括衣物、废纸、皮革制品等;不可燃垃圾包括玻璃、陶瓷器、金属类等;资源垃圾包括瓶瓶罐罐、报纸等。

东京的垃圾处理厂几乎都建在各自所辖区域的中心地带,这些垃圾处理厂负责辖区内回收垃圾的处理工作。垃圾被送到处理厂以后,垃圾收集车将分类垃圾投进垃圾封闭场。在垃圾封闭场内,自动吊车不断从垃圾槽中把垃圾抓起来又扔下去,这个过程是为了均匀地搅拌垃圾,以备完全燃烧。同时,垃圾槽中装有"压进送风机",通过压强差,把垃圾槽中的气味全部送进焚烧炉，这样，垃圾的气味就不会逸散掉了。搅拌均匀的垃圾被自动吊车扔进 24 小时不间断工作的焚烧炉充分焚烧。焚烧炉产生的高温和废气经由气体冷却塔和过滤式集尘器冷却并排除废气中的粉尘，同时，二恶英等有毒物质也被去除掉了。

这里特别需要一提的是，焚烧垃圾所产生的热量没有浪费，都用来发电和热量供应了，而焚烧产生的焚烧灰也没有浪费，它们一部分做填埋处理，填埋海面形成的空地用于建设公园，另一部分以 1200 度以上的高温熔融后急速冷却，变成砂状熔渣，体积变成来了原来的四十分之一，可以用来铺设沥青路面。

东京的垃圾处理厂还是一个环保教育场所。处理厂内设有积木模型，用来演示垃圾处理流程。日本的小学生必须参观垃圾处理厂、污水处理厂等，让孩子从小就接受环保教育，培养环保意识，这为城市未来的环保事业打下了牢固的基础。

德国城市的垃圾分类处理方式也很值得借鉴。在德国，每个公民都必须对垃圾严格分类，各家各户都有如下几个垃圾桶：绿桶用来装食物残渣、花园树木剪下的残枝、草坪割下来的草等所有生物垃圾；蓝桶用来装各种废旧报纸广告；黄桶装所有的食品塑料包装和金属拉罐；黑桶装不可回收垃圾。另外，每隔几条街就有专门的垃圾桶回收各种玻璃瓶子和淘汰的家具电器。

德国是欧洲唯一一个实行塑料瓶和易拉罐回收押金制的国家。德国社会对塑料瓶和易拉罐的需求量很大，为了保证能够尽快有效回收这些瓶罐，在居民购买 1.5L 以下的水、饮料的时候，就在价格里提前征收了 0.25 欧元的瓶子押金。目前在德国有 10 多万台专门负责回收这些瓶子的机器，喝完饮料并将瓶子丢进机器之后，就会得到之前的押金。这样就避免了重复生产这些瓶子的过程，达到了循环利用的目的。

看着这些发达国家城市的垃圾处理方式，我们需要认真学习与借鉴。其实多年以前，东京的垃圾也只能填埋，现在的高效处理方式也都是通过这些年的努力才得来的。值得我们借鉴的不只是东京的垃圾处理流程，还有他们对垃圾处理的监控机制。东京的垃圾处理严格遵守日本《大气污染防治法》，第三方机构定期检查垃圾处理情况。另外，工厂的感应器实行24小时监控，一旦出现问题，就可以在第一时间发现并解决。在整个运行过程中，居民代表全程参与监督，相关的检查数据也对公众公开。

与其临渊羡鱼，不如退而结网。其实每一市民都可以参与其中。现在很多小区和公共区域的垃圾都设置了不同的垃圾桶，分别用来装可回收、不可回收、厨余垃圾等。除了在丢弃垃圾时，有意识地进行分类之外，市民还可以将自己家里的垃圾桶分开，厨房一个、卫生间一个、客厅一个等，垃圾分类自然可以做得更好。

除了城市管理情况和垃圾处理问题，对市容影响最大的，就是城市绿化情况了。

绿植茂盛的城市总是给人赏心悦目的感觉，其实不只是视觉上的舒适，茂盛的植物对整个城市的空气都有莫大的好处。我国规定城市新建区的绿化用地面积应不低于总用地面积的30%；旧城改建区的绿化用地面积应不低于总用地面积的25%。

通常，衡量城市绿化程度所使用的指标是城市绿地率。城市绿地率指城市各类绿地总面积占城市面积的比率。城市绿地率的计算公式为：城市绿地率=（城市各类绿地总面积/城市总面积）×100%。城市各类绿地包括公共绿地、居住区绿地、单位附属绿地、防护绿地、生产绿地、风景林地六类。

城市绿地率是反映城市环境质量的一项重要指标，但是并不是长草的地方都可以算作绿地，距建筑外墙 1.5 米和道路边线 1 米以内的土地和地表覆土达不到 3 米深度的土地，不管它们上面是否有绿化，都不计入绿地面积。有的城市或小区经常打擦边球，强调"绿化率"而不是"绿地率"，绿化率即"绿化覆盖率"，长草的地方都可以算作绿化，所以计算绿化覆盖率时，只要是块草皮就可以算进去。这样计算出来的绿化程度根本不能反映城市居民能够切实看到和感受到的绿植。

城市绿化做得如何，还得居民说了算，居民需要的绿化是整洁清新的草坪、高大茂盛的树木、色彩缤纷的花朵，不是一个干巴巴的硬凑起来的数据。所以，判断城市绿化做得好不好，需要把草坪、树木、花朵等植物分类统计，以此为分子，再与城市各区面积相除。这样得出的比率才能反映真实的绿植情况，让城市与城市之间有个真实的比较。

除了空气、水质、市容等方面，城市繁华带来的噪声问题、治安问题、交通安全问题也应该得到足够的重视。有研究表明，噪声严重影响人们睡眠质量，会导致头晕、头痛、失眠、多梦、记忆力减退、注意力不集中等神经衰弱症状，甚至还能增加心脏病、胃病等疾病的发病率。城市人口的暴增，也带来了治安和交通事故问题的困挠，成为危害市民安全和健康的重要因素。除此之外，在这个信息时代，建设一个健康的网络环境也是日益紧迫，必须清除黄赌毒泛滥、谣言漫天飞的网络恶习。营造城市的宜居环境，是城市建设者的重要使命，应重视规划设计，严格监管，为幸福城市奠定坚实的基础。

第三节　情感有寄托

著名诗人泰戈尔说，自然是物质的，人却具有精神。哲学家黑格尔也说，理想的人物不仅要在物质需要的满足上，还要在情感的满足上得到表现。显而易见，两位先哲都在强调情感生活对于人的重要性。的确，在物质生活得到保证后，每个人都会渴望情感上的充实，情感幸福才是真幸福。只有相对充裕的物质是不够的，没有情感依托的生活只会越来越乏味、空洞。

实际上，快节奏的城市生活总会带来各种有形和无形的压力，面对这些压力，寻找情感上的寄托也是一种有效的缓解方式。怎样才算情感有寄托呢？其实就是心灵有栖息之地，情感有安放之所。

1. 城市归属感

归属感，是一个人感觉自己被别人或被团体认可与接纳时的一种感受。一旦产生了归属感，心理上也会产生更强烈的安全感与幸福感。归属感是人的重要心理需要，能否获得归属感也是能否获得幸福的重要前提之一。

衡量居民的城市归属感，可分别考虑两方面：一是城市建设的参与感；二是城市文化的认同感。

市民对城市建设的参与感，体现在城市建设的共同决策和协作治理两个方面。如果市民能参与城市建设规划的决策过程，或者参与公共事务的协作治理，就会对城市产生强烈的归属感，有一种当家做主的幸福感，在日常生活中也会积极维护市容市貌、绿化美化城市，自觉避免随地吐痰、乱倒垃圾、乱贴乱画、乱搭违法建筑等有损城市形象的行为。

杭州市的居民就充分体会了城市建设的参与感。杭州市在一系列关乎民生的重大工程中，通过公民参与机制，政府不断拓宽民主参与渠道，创新民主参与方式，创新社会管理。在整个杭州城市建设与发展过程中，广大市民发挥了主体作用，积极参与杭州城市发展战略选择与确定，如采取公民投票的形式选择城市品牌和城市标志、民主参与重大工程规划和管理等。

衡量城市居民情感归属的第二个方面是居民对城市文化的认同感。文化认同感，是指城市居民认同城市的文化、理念和精神等，内化于心而外化于素质、能力和实践。文化的认同感不是空中楼阁，不是从天上掉下来的，也不是生而有之的，需要长期的培养。

让我们看看西安这座古城是怎样让市民产生文化认同感的。作为一座有着辉煌历史的城市，西安的文化堪称全人类的珍贵遗产，如何保护好这份遗产，同时让这些遗产真正惠及西安市民，是西安市政府一直重点关注并致力于解决的问题。西安市的方针，是把历史文化遗产保护与现代城市功能扩展、特别是与改善市民生活紧密联系在一起。2003 年，大雁塔文化景区开放，开启了西安文化遗产公园化的先河。在这之后，大明宫国家遗址公园、大唐芙蓉园、唐城墙遗址公园等相继开放，成为了市民文化娱乐的重要载体。此外，为了进一步丰富市民文化生活，提升百姓幸福指数，西安还大力建设文化馆、图书馆、博物馆和美术馆等。以曲江新区为例，近年来兴建了音乐厅、电影城等 30 多个文化服务场馆。

如今，西安市民在享受这些文化遗产的同时，也大大增强了对这座城市的归属感。西安连续几年入选我国"最具幸福感城市"，不能不说，市民对这座城市强烈的归属感起到了不可忽视的作用。

如果把一座城市比喻成一个人，漂亮整洁的城市面貌就是人的外表，健康向上的城市文化是人的内心与灵魂。我们再来看看深圳这个城市。作为一个借改革春风从边陲小镇崛起的年轻城市，深圳曾一度被戴上"文化沙漠"的帽子。但近年来，这座城市正以其浓厚的书香气息而摘掉这顶帽子：人均购书量连续数年居大中城市之首，创办了国内最有影响力的"读书月"活动，举办了我国第一个以读书为号召的文化论坛，被联合国教科文组织授予独一无二的"全球全民阅读典范城市"……从"文化沙漠"转变成"文化绿洲"，深圳成为了一座因充满文化气息而受人尊重的幸福城市。

市民对城市是否拥有强烈的归属感，是衡量城市是否为幸福城市的重要指标。因为，只有市民们把这座城市真正当成了自己的"家"，才可能去关心、爱护这座城市的一切，才愿意付出自己的努力和爱，才能从心底真正感觉到幸福。

2. 家庭归属感

歌德说，家庭和睦是人生最快乐的事，不论国王还是农夫，家庭和睦能让人产生对家的归属感，增强幸福感。在现代社会，家庭是城市的基本单元，因此，要衡量一座城市是不是幸福城市，必然要求考察这座城市中居民家庭是否和谐。

家庭是一个人的栖身之地，也是一个人精神的依靠和寄托。家庭关系对人的精神状态、性格、处世态度以及人生观、价值观的影响都十分深远。如果家庭不和谐，就容易导致人的精神状态萎靡，性格阴郁暴躁，那么整个社会也无法和谐。只有家庭关系和谐，才能使市民产生归属感，使市民更加幸福。

衡量家庭和谐的标准，既包括夫妻关系和谐，也包括父母与子女关系和谐。

城市发展越来越快，变化日新月异，人们的生活节奏也受到了影响。曾经那种平和缓慢的生活方式早已被快节奏、高效率的模式取代。很多人忙于工作，朝九晚五之外还经常加班，难免忽视了家庭，包括自己的小家庭和父母的大家庭。

一座城市的小家庭是否和谐，可以从离婚率中得出结论。离婚率是在一定时期内（一般为年度）某地区离婚数与总人口之比。通常以千分率表示。计算公式为：离婚率 =（年内离婚数 / 年平均总人口）× 1000‰。近年来，我国的离婚率居高不下，且有愈演愈烈之势。如图 2 所示：

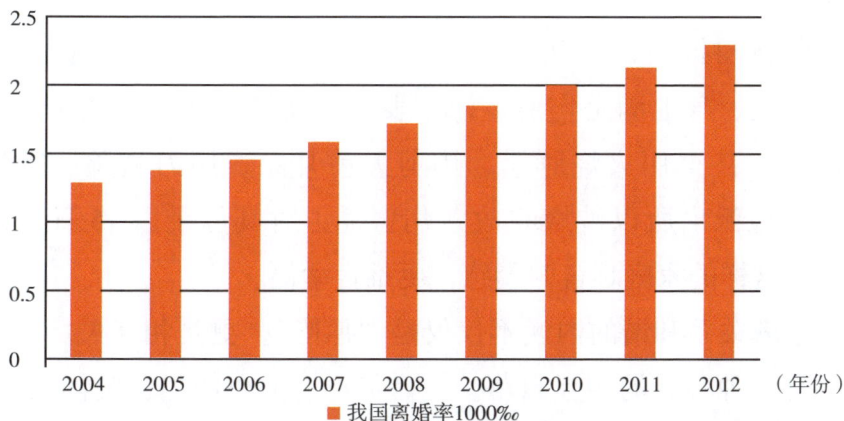
图 2　我国 2004 年至 2012 年期间离婚率的变化趋势

离婚率居高不下的城市实在难以被认为是幸福城市。很多城市已经认识到了这一点，采取了很多措施鼓励倡导家庭婚姻的和睦。江西宜春市每年要评选"五好文明家庭"，鼓励和表彰家庭和谐的先进典型。被评选为"五好文明家庭"的彭绍忠一家就是一个人人羡慕的和谐家庭。彭绍忠夫妻两人结婚后一直和老人住在一起。媳妇把公公婆婆当作是自己的父母来孝敬，遇到不懂的事情就向他们请教，听取他们的意见，交流对问题的看法。同样，两位老人也把儿媳当作亲女儿来关爱，有什么好东西都先留给她。

其实，建立幸福和谐的家庭并不太难，只要以换位思考的方式来看待问题，就能够互相体谅，减少矛盾冲突，形成互相理解、关爱的文明家风。而要做到换位思考，说简单也简单，说难也难，关键在于能否拿出自己的一颗真心。

家庭和谐还包括子女与父母之间的和谐。近来新闻频频报道家长虐婴、虐童事件，其实这都是家庭关系不和谐的表现。单纯的经济发展水平的提高未必就能带来家庭关系的和谐，城市还需要做出更多努力。

据新闻报道，福建莆田有一位9岁小男孩被其母长期虐待，脸上、身上满是伤痕。警方表示，其母长期虐待儿子，对其殴打，甚至用火烧脖子、用剪刀剪耳朵、用刀划脸。案发后，当地派出所以涉嫌犯故意伤害罪，对其母予以15日刑事拘留。这样的家庭难言归属感，更难言幸福。

家庭关系和谐的内涵不仅仅是"善待"，更是相互关怀、爱护，是一种心灵的相互慰藉。关爱父母、关心伴侣、关怀孩子，既是家庭和谐的前提，也是提高家庭归属感的关键所在。

幸福城市才是最好的城市

第四节 精神有追求

一个人如果没有精神追求，就会变得颓废；一个社会如果没有精神追求，就会陷于庸俗。党的十七大报告在论述全面建设小康社会的目标时提到，要使我们国家成为人民"具有更高文明素质和精神追求的国家"，把具有更高文明素质和精神追求作为全面建设小康社会的一个目标、一个标志，具有极为深刻的意义。

对于城市建设者和管理者而言，只有积极培植具有精神追求的高素质市民群体，才能真正提高市民的幸福感，才能真正建设幸福城市。

1. 心中有信仰

卢梭说，没有信仰就没有真正的美德。其实，信仰不仅关乎美德，更关乎幸福，正如雨果所说，信仰是人所必需的，没有信仰的人不会幸福。

那么，究竟什么是信仰？一提到信仰，很多人首先会想到宗教。但实际上，信仰的种类有很多，对宗教的信仰只能算是狭义上的信仰，从普遍意义上来讲，对科学、事业、正义、民主等，都可以建立信仰。而我们这里说的信仰，更强调一种对生活的态度，一种自我的道德准则和做人做事的行为准则。

信仰是人对无限、永恒、生命的终极价值与意义的追求。一个人的人生是否幸福，很大程度上取决于这个人有没有信仰。作为一个人，一定要找出活着的意义来。有位哲学家曾经说过，人是唯一不凭靠面包而活着的存在物。

有了信仰之后，人类能够认识自身的不足，有机会正视自己。对自身不足的认识使人类大胆否定自身，寻求帮助和联合，因此，人类才有机会生存和进一步发展。

衡量市民有没有信仰，主要有两个标准：第一，心中有梦想；第二，崇尚真善美。

心中有梦想的人，因为有了精神的寄托，遇到困难的时候可以很快调整心态，乐观面对。反之，心中没有梦想的人，遇到困难的时候很容易放弃，甚至渐渐消沉。

举一个真实的例子。1994 年，只有小学文化水平的小徐 28 岁，他从四川一个穷山沟来到了杭州，靠着在老家帮别人钉木板所谓"工作经验"，在一个建筑工地上做起了木工，一切都是从零开始。每天的工资只有 11 块钱，想着远在四川的穷困家境，想着父母、孩子和妻子，他省吃俭用，第一年攒下 2000 块钱。他不甘心就这样穷苦下去，工作很勤奋，自己一直努力提高技术，得到了老板的重用。1997 年，他做起了班组长。2002 年，他成立了自己的木工班组，开始独立负责木工项目。如今，他已经对建筑工程中最难的木工工程图纸翻样十分精通，花 20 万在县城买了一套 150 平米的房子，还花十几万买了一辆轿车，过年从杭州回老家都打上了"飞的"。

小徐坦言，能取得今天这样的成绩，能在城市过上这样的幸福生活，仅凭当年的小学文化水平肯定是做不到的，靠的是自己的努力和学习。不得不说，如果不是心中有梦想，如何能吃得了那些苦，如何能坚持这么多年？是梦想给了他力量，是对梦想的追逐成就了他现在的幸福生活。

雨果说过，人获得了物质满足，才能生存，而人拥有了梦想，才算得上是生活，你想了解生存和生活的不同吗？动物生存，人则生活。雨果此言，足以表明梦想对于人生的重要性。毫不夸张地说，人拥有了梦想，幸福生活才会拥有无限可能。

心中有信仰的第二个衡量标准是崇尚真善美。

心中有信仰的人相信真善美，能理解别人的痛苦，并愿意伸出援助之手。乐于助人是一种朴实的中国传统美德。每个人都有遇到困难的时候，最需要的是别人给予的帮助。如果人人都献出一点爱，世界将变得更加美好。

高尚的信仰是净化灵魂的甘露，也是战无不胜的力量。一座城市中的人拥有了信仰，这座城市也就拥有了城市核心价值观。对于一座城市来说，能否构建具有强大感召力的核心价值观，关系着城市的和谐稳定，更关系着城市的长远发展。一座有信仰的城市，才能汇聚人们精神的力量，才能在幸福城市建设的道路上快马加鞭。

2. 事业有奔头

按照马斯洛需求层次理论，被尊重的需要和自我实现的需要是最高层次的追求。事业上的成功正处在这个层次上，因为它可以发挥出个人的能力，实现个人的价值和梦想，在获得物质财富的同时，也获得精神上的最大满足。对于在城市辛苦打拼的市民来说，精神上的最高追求也在于此——事业有奔头。因此，是否营造一个"事业有奔头"的环境，对于评估城市是否是幸福城市至关重要。具体而言，可从才能发挥和上升空间两个角度进行衡量。

才能发挥，即是能充分施展市民的专业技能，实现才能所用、才能善用。城市管理者应创造足够的就业岗位，尽可能地减少失业率，并完善灵活的就业机制，使市民能够最大化地寻找到最适合自己的工作。

刚从农业大学毕业的小魏，来到某城市工作，经过几次工作岗位的调整，均没有发挥出自己的特长。最终他选择了创业，在郊区承包了一片农地，开始种植草莓。经过几年的努力，他已成为一名拥有 30 个大棚、近 50 亩草莓田的种植大户，年收入过百万。他还把兄弟姐妹接到了城里，帮他做销售。诸如小魏这样的成功案例，他们自身的努力是非常重要的，但城市管理者落实中央有关政策，出台农地承包与流转鼓励措施，和把有关政府农业项目补贴落实到位等都是很必要的，政府的引导、帮助与服务无疑对青年创业发挥了极大的作用。一个普通市民的幸福生活背后，折射的正是建设幸福城市行动的伟力。

政府与社会给市民创造上升空间，让他们凭借自己的才能，获得职务晋升的成长机会，也是营造一个"事业有奔头"环境的重要着力点。最近几年，员工跳槽率高企，有调查显示，辞职理由中最多的是"看不到上升空间"，其他理由依次是"加班和坐班时间太长""工作内容不适合自己""福利待遇不好"等。这说明，上升空间已经成为事业没有盼头、员工幸福感低下的一个重要羁绊。对于幸福城市的建设者来说，倡导给予有能力的员工以足够的上升空间，是一件十分重要而紧迫的事情。

不管任何岗位，都应该为员工创造上升空间。我们来看看发生在北京奔驰公司的故事。从一个学徒工到首席技师，在很多人心里，这是一道难以跨越的门槛，但是小赵做到了。不仅如此，他还是第一个获得价值 20 多万元轿车奖励的员工，头上还顶着"全国劳动模范""高级技师"等头衔。小赵坦言："能有今天的成绩，除了自己在工作中刻苦钻研外，更得益于公司所创造的良好环境。"北京奔驰公司一直重视员工队伍的培养，通过特别薪酬、培养方案等激励员工创新，以业绩和能力为标准，打开晋升成长空间。目前，公司技师在蓝领员工中的比例已达 40%以上，在国内汽车行业处于领先地位。

事业有奔头，工作才有劲头，生活才有甜头。在幸福城市，事业上的美丽梦想始终会像早上的太阳，照耀并鼓舞着人们幸福地追求着、奋斗着！

第五节　社会有公平

古人讲，不患寡而患不均。社会公平一直都是人类社会不变的追求。社会公平体现的是一个国家制度的巨大进步，同时，社会公平也有利于促进和谐，维持社会的稳定团结。对于城市来说，也只有真正实现公平正义，每一位城市居民才能生活在"阳光"之下，才能有展示自己才能的舞台，才能有当家做主的自豪感，才能有自我实现的精神满足感。社会普公平，是实现幸福城市第三层次即精神幸福的基本要求和重要标准。

对于广大城市居民而言，城市是否实现了社会公平，主要有三个标准：权利是否平等、机会是否均等、分配是否合理。

1. 权利平等

权利平等是实现社会公平的基础。平等权是我国公民的一项基本权利，它意指公民同等地依法享有权利和履行义务。宪法对之有一句最为经典性的表述："公民在法律面前一律平等。"

权利平等，意味着所有的公民平等地享有法律规定的权利，同时平等地履行法律规定的义务，而且政府机关要平等地对待所有的公民，在保护或奖惩上一视同仁，不可因人而异。另外，权利平等还意味着任何组织或个人都没有超出宪法和法律的特权。

判断城市权利平等的标准有三个：官员与平民平等、执法者与守法者平等、所有居民一概平等。

对于官员与平民平等，以公共资源的使用为例。公共资源，本意是指自然生成或自然存在的资源，它能为人类提供生存、发展、享受的自然物质与自然条件，这些资源的所有权由全体社会成员共同享有，是人类社会经济发展共同所有的基础条件。而城市里的公共资源，是指由国家和地方财政支持的资源，包括教育、医疗、公园、博物馆等一系列为居民生活和发展提供支持的服务场所。

既然称为公共资源，那么就理当是公共的。公共，就意味着每个居民都有使用的权利，这种权利也一定是平等的。

但是我们现在看到的情况好像不是这样。比如一些博物馆等公共场馆只对少数人开放。曾有城市里一些公园里的豪华高档会所成为少数权贵控制的神秘空间，普通市民无法涉足。这种现象说明了这个本来属于"公共资源"的地方，其实没有被真正当作公共资源来对待和管理。公共资源是属于公众的，没有人有权利使之只为部分人服务。要实现权利平等，就得先将公共资源还给公众，实现官员与平民的权利平等。当前党中央出台和落实八项规定，其中包括清理会所里的腐败，真是大快人心。

权利平等的第二点是执法者与守法者的平等。这种平等主要体现在司法公正上面。

司法公正，是指在司法活动的过程和结果中体现公平、平等、正当、正义的精神。其主体是以法官为主的司法人员。司法公正的对象包括各类案件的当事人及其他诉讼参与人。司法公正是现代社会政治民主、进步的重要标志，也是现代国家经济发展和社会稳定的重要保证。如果司法不公正，执法者与守法者之间不平等，执法者可以肆意妄为，那整座城市将再无权利平等可言。公正平等的司法乐于接受社会公众的监督，司法公正的城市，应该是司法公开机制建设日趋完善的城市，让司法部门各关键节点的工作置于社会公众的监督之下，程序透明，才能确保司法公正。

公开审理案件是推进司法公正的有效办法。除特殊情况外，城市居民随时可以观看庭审、案件文书，相关信息都可以查到。在司法公正的城市，没有人可以凌驾于法律之上，在法律面前，没有特权人士。城市只有做到了司法公正，才能保证其他方面的权利平等。因为，只要司法是公正的，那么其他所有的不公正、不平等都终究可以被扭转过来。

最后，关于权利平等，我们要说说全体居民的平等。全体居民一概平等，这种平等包括的范围很大，比如户籍平等和教育平等。

户籍平等，意味着城市里的各类政策不歧视外地户籍的居民，使得外地户籍与本地户籍的居民享有同样的权利。在一些大中城市里，如果没有当地户口，子女甚至无法上学，买房买车也受到限制。虽然大城市人口众多，压力较大，但这些限制外地户籍人员的政策无疑导致了"权利不等"，许多人埋怨政府的不公，这无疑给社会和谐埋下了隐患。因此，城市是否体现权利平等，很大程度上体现在这座城市是不是平等地对待本地户籍和外地户籍的人口。一个贯彻平等原则的城市，应当一视同仁地对待每一个生活在这座城市里的居民。平等权作为公民的最基本的权利，城市居民都应该被尊重和平等对待，这也是城市幸福的前提。最近，国家推行的户籍改革，这是国家缩小城乡差别的重大举措，也是推进我国幸福城市建设的重大举措。

教育平等问题主要是指受教育权利上的平等。教育涉及所有人，接受教育是每个人获得发展的基本前提。要缩小不同群体发展差距，消除家庭贫困的代际传递，实现人的自由全面发展，首先要保障教育平等。可是，当前的城市教育却存在很多不平等现象，如教育资源配置不公，学校分为三六九等，按等配置资源。我国教育的一大特色就是学校分等，无论小学、初中、高中，还是大学，全部都有"重点"与"普通"之分。"重点小学"、"重点初中"、"重点高中"、"重点大学"，学生这一路读下来，自己都觉得比那些"普通"学校的学生高出一头。可是，这些等级差异又带来了什么呢？当一些高校拿着国家高额的教育经费为国外培养一批批的"优秀"学子时，更多的高校却没有经费引进师资、修建校舍、改善环境。教育平等是最大的平等，如果这些不平等问题得不到合理解决，城市的权利平等就难以彰显。

实现权利平等，其实就是一个消除"特权"的过程。这种"特权"不只是某些领导的特权，还包括了种种因素带来的等级分化。教育的分等其实就是在纵容这种"特权"的存在。因为教育分等，孩子从小就被灌输了等级观念：上学要上重点的，考试要考前多少名，这样就能出人头地、压人一头。孩子是国家和城市的未来，如果他们从小就这样戴着有色眼镜判断自己和别人的等级差异，又怎么能指望他们将来能为实现社会公平作出贡献？

当务之急，是尽可能早一些改变这些造成不平等的潜在因素。比如去掉"重点"，让学校再无等级之分。纵使不能一下子改变大学的这种分类，也得扭转小学、初中、高中的这种现状，或许还有一大批幼儿园也需要去"重点"。

如何去掉"重点"呢？可以从制度上着手。比如，在财政拨款的问题上，对所有同类的学校一视同仁，不再把更多的钱分配给"重点"学校。财政拨款的平等，会带来各学校基础设施、教育设备建设水平的平等，这样就从"硬件"上消灭了不合理的差异。"硬件"的问题解决了，就得考虑"软件"的问题。"软件"就是指教师。按当前的情况，优秀的教师大多数都集中在"重点"学校里面，这也是造成"普通"学校教学质量偏低的最重要的因素。要解决这个问题，就应该实行"教师轮岗制"，即让教师轮换学校工作，在这个学校执教一段时间，就得到另一个学校执教，不能固定在一个学校任教，这样能保证各学校的学生所接触到的师资水平相对一致。"硬件"和"软件"的问题都解决了，所有的学校都没有了根本的差别，孩子之间也不再分为三六九等，这才是真正的平等。

权利平等是实现社会公平的前提，在权利平等的城市里生活，居民的心里也会充满安全感，觉得很踏实，由此，才可能感到幸福。

2. 机会均等

人要生存、发展，需要自身的努力，需要运气，但是，前提是得有机会。

有句话说得好，"机会只会留给那些有准备的人"。这句话说得很对，一个不想努力，整体等着天上掉馅饼的人，就算机会摆在眼前，也未必能抓得住。

那么，当一个机会来临的时候，一个很努力上进的人和一个整天无所事事的人，哪个人会得到这个机会呢？你会说，当然是那个很努力上进的人了。我说，那可不一定。为什么？因为这个"机会"可能就是为这个无所事事的人"量身定做"的。那个很努力的人虽然努力得拼命了，但是由于"机会不等"，也只能望洋兴叹了。这个努力的人受到了不公平的对待，他觉得很不幸福，觉得生活的城市太差劲了。

城市要成为幸福的城市，就一定得做到公平，一定得给每个人均等的机会，让每个人的努力不白费，这样人们工作起来才会有干劲儿，才能让生活蒸蒸日上。

城市里，机会均等最主要包括三个方面：就业机会均等、发

171

幸福城市才是最好的城市

展机会均等、教育机会均等。

当前，在就业过程中，学历歧视、性别歧视、疾患歧视在大部分城市依然存在，这些花样百出的就业门槛令求职者忧心不已。就业是普通人的生存之本，如果没有就业，没有工作，人们将失去经济来源，幸福生活根本就无从谈起。就业乃民生之本，创造并维护就业市场的均等机会是对每一位求职者的最大支持与最好保护，幸福城市应当为城市的每一位居民创造机会均等的就业环境。

在促进就业机会均等方面，美国走在了世界的前列。经过一百多年的努力，美国已经建立了一套相当完备的保障公平就业机会的法律体系，这些法律对维护美国社会公正和促进社会人力资源的合理配置作用显著。美国设有专门保障就业机会均等的机构——公平就业机会委员会。公平就业机会委员会简称 EEOC，成立于 1965 年，总部在华盛顿特区。 EEOC 是一个独立的联邦执法机构，执行联邦政府的与保障平等就业机会相关的法律，并负责监督和协调所有联邦政府的平等就业机会的规定、措施和政策。平等就业机会委员会对受到种族、肤色、宗教、性别、年龄、残疾等歧视的事件进行调查，处理那些对雇主和工会的歧视控诉。EEOC 每年都会受理大量投诉，并严格执行就业公平法律，极大程度地推动了美国就业机会均等化的进程。

美国这些举措其实都可以给我们以启发，为我们的城市管理者们所借鉴学习。城市要建设机会均等的大环境，首先应该建立健全保障公平就业机会的法律法规，通过对就业领域的规范，在全社会树立公平、公正、公开的就业观。同时，设立权威性的常设机构，负责规范城市的就业工作，维护就业机会的公平，接受相关投诉，严肃查处违法违规行为。

机会均等的第二个重要方面是发展机会均等。

发展机会均等，意味着每个人都有均等的升职或进入"门槛"的机会，完全按照能力选拔，不会因为性别、背景、年龄而有所偏向。

许多企业都倾向于提拔男性员工，而女性员工在工作若干年后，就很难再得到升职的机会。如果说企业这么做是为了效率的话，那么对于政府机关单位，恐怕就不是了。许多机关单位习惯于"论资排辈"，干部的平均年龄明显偏大，年轻的工作人员即使精力充沛，能力较强，但由于工作年限短以及"人脉"等因素，迟迟得不到晋升。

重视机会均等，就一定要保证每个人发展机会的均等。在机会均等的城市里，公务员招考必定是公开透明的，没有猫腻和量身定做，没有熟人拉关系、钻空子；企业发展的机会也一定是均等的，没有与政府关系好的企业为难自己，没有受某些"奇怪"政策的限制；孩子升学一定是靠自己成绩和努力的，没有人能"找人"挤占别人的名额……

这样的城市，就是机会均等的城市。

城市需要所有的居民共同来建设和努力，但首先是要给居民创造均等的机会，机会均等了，才能真正保证效率。但是，创造机会均等的环境是一项系统工程，不可能一蹴而就。例如，针对公务人员的升职问题，应该制定一系列符合实际情况的升职标准，对各种升职条件做出明确规定，尤其在年龄问题上，一定要规范到位，推进公务人员向年轻化转变。

机会均等的第三个重要方面是教育机会均等。

上节曾经谈到过教育权利平等的问题，现在我们要强调一下教育机会均等的问题。因为对于很多家庭贫困或者身体、智力有缺陷的孩子来说，即使制度保障了他们接受教育的权利，也不代表他们就真的能得到平等的教育机会。教育权利的规定只是制度、条文，最终还是要落实到结果上面：即让他们得到真正的教育机会。

2012 年，国家财政性教育经费支出占 GDP 比例为 4.28％，实现了《国家中长期教育改革和发展规划纲要（2010—2020 年）》提出的 4％的目标，成为中国教育发展史上的重要里程碑。实现 4％是中央和地方政府共同努力的结果。为了这个目标的完成，一系列加大财政教育投入、拓宽经费来源渠道的政策措施被实施，包括：统一征收教育费附加，全面开征地方教育附加，从土地出让收益中提取教育资金。

这些努力和数据让我们感到欣慰，毕竟对教育的投入确实增多了。但是，由于我国国情千差万别，地区发展不均衡，我们仍然能看到关于山区孩子爬悬崖上学的报道，仍然可以看到从事着各种低端职业的一张张稚嫩的面孔，这些本应该还在学校接受基础教育的孩子却早早走向社会。如果城市对教育的投入更多一些或者更合理一些，他们得到更公平更好的教育，那么，在将来他们可以对这个城市、这个社会作出更大的贡献。

要实现教育机会均等，首先得给上述这些孩子们一个接受教育的机会，无论他们智力如何、家境如何、身体健康与否。

在日本，受教育机会均等被作为是历次教育改革的核心。日本全境不分地区、种族、国籍、性别，必须接受免费中小学教育，学校不会向学生家长收取任何费用，甚至包括了教材费和设施费等一切杂费。这些措施保证中小学生就学率实现了 100％全覆盖。为了保证青少年学生身体的正常发育，日本的学校还会提供廉价营养午餐。为了让低收入家庭的孩子能顺利完成学业，这些家庭的学生还可以向学校申请免费午餐。例如，一个 4 口人的家庭年收入在 500 万日元以下的，就可以申请免费午餐。

为了确保智障儿童得到均等的受教育机会，日本的每所小学还设有"向日葵班"，保证他们在起点上与正常孩子一样都能接受良好的教育。进入中学后，这些智障儿童也相应进入各行政区设立的专门学校接受特殊教育。

充足的财政支持与有效的机制体制保障，使得日本的基础教育实现了所有孩子受教育机会的均等。如果我们的城市可以加大教育投入，或者换句话说，如果可以把教育投入真的都投入在教育上，城市的发展一定会很有后劲儿。

就业机会均等、发展机会均等和教育机会均等是评价城市机会均等的标准，也是建设社会公平城市的基石。欲要建成幸福城市，机会平等必须贯彻始终。

3. 分配合理

"朱门酒肉臭，路有冻死骨。"贵族人家里飘出酒肉的香味，穷人们却在街头因冻饿而死。唐代诗人杜甫以此句来形容社会财富分配不均，贫富差距过大，平民生活缺少保障的现象。

收入分配是民生之源，是改善民生、让人民共享发展成果的最为重要和直接的方式。因此，使收入分配合理有序，也是衡量城市幸福与否的重要标准。党的十八大报告提出，调整国民收入分配格局，着力解决收入分配差距较大问题，使发展成果更多更公平惠及全体人民，朝着共同富裕方向稳步前进。调整国民收入分配格局，就是让国民收入分配更加合理。只有收入合理分配，才能促进社会公平正义。

怎样分配才能合理呢？标准有两个：第一，工资性初次分配合理；第二，财政性支出实现二次分配合理。

初次分配是指国民收入直接与生产要素相联系的分配，是效率的体现。按劳分配是社会主义的基本分配原则，工资性分配合理不合理就看有没有执行和体现按劳分配原则，既要打破平均主义和大锅饭，又要考虑其他生产要素的贡献，以及行业因素和社会均衡，这也是实现效率与公平的需要。如果工资性分配不合理，不但会引发群众的不满，还会影响社会效率。很可能陷入"越分配，就越不公平，越分配，收入差距就越大"的怪圈。

2011年年底，网上有曝料称，一汽大众将给员工发放相当于27个月工资的年终奖，此消息一出，随即在网络上引起热议，同时也招来很多人的"羡慕忌妒恨"。该公司表示，发放27个月的工资作为奖金并不是以全额工资为基础，而是发放27个月的基本工资。不过即便如此，按照一汽大众最普通员工的3000元基本工资来算，也有高达8万元的奖金。企业效益好，拿出一部分利润来和员工分享，这本是好事，员工也高兴。不过，站在一个企业的角度看来无可非议的事情，站在全社会的角度上可能就要面临争议。不得不说，一汽大众的"豪奖"戳中了当前收入分配领域中存在的分配不公、贫富差距过大的软肋。

不患寡而患不均，这是社会普遍存在的心态，而不均也是社会矛盾的诱因。

在拉丁美洲和加勒比地区，有超过80％的人口居住在城市里，城市化率相当高。然而，城市并没有让人们过上想要的幸福生活，相反，随之而来的是暴力事件的增多和生活环境的恶化。究其原因，主要是没有解决好合理分配的问题。有数据显示，20世纪70年代以来，拉美地区最富有的20％的人所拥有的财富是最贫穷的20％的人的20倍，是世界上收入差距最大的地区。

2009 年，拉美地区很多国家的基尼系数都在 0.56 以上。进入 21 世纪后，虽然政府采取了一定措施，但该地区的贫困人口仍然占到该地区城市人口总数的 25%。

拉美地区城市的贫困人口，有很大一部分来自农村。当时由于沿袭了殖民地时期的大地产制度，拉美很多国家的土地分配严重不均。为了尽快发展国家经济，国家重工轻农，片面追求工业化目标，农民纷纷进入城市寻找就业机会。农民数量的减少并没有给留守的农民带来更多的土地，反而导致了新一轮的土地兼并过程，更多的农民失去了土地。这些"无地农民"或成为庄园主、农场主的短期雇佣工人，或流入城市谋生，住进贫民窟，成为城市中最贫穷也最脆弱的群体。同时，由于拉美国家主要发展资源密集型产业，其结果就是虽然造就了一批富豪，但是吸纳就业的能力却比较有限。于是，青年的失业率也越发走高，形成了一系列社会问题。

拉美的居民收入差距导致其社会极不稳定，治安情况很差。我们的城市要从中吸取教训，审视自身是否做到了分配合理。

财政为公用事业、公共服务和惠及民生的公益事业买单，为公民提供社会基本保障，为弱势群体提供特殊帮扶等属于国民收入的二次分配，二次分配更要合理。

芬兰非常重视建立一个促进社会公平的分配制度，其完善的社会保障网涵盖了社会保障、社会福利、社会服务和社会补助等方面，使个人不因生、老、病、残等原因而影响正常的生活。同时，芬兰公民从一出生就享受政府的各种补贴，人人都有接受终身教育的平等机会，从幼儿园到大学都享受免费教育。芬兰的社会保障所需资金筹措一直采取多元渠道，即由政府、雇主、个人和保险市场共同负担，其中政府承担 40% 以上。

社会公平的实现不仅需要一定的制度基础、文化传统，更重要的是要建构一个合理的分配体制，尤其是二次分配体制。建立合理的分配体制，与促进经济总量的增长同等重要。

附表 幸福城市评估表

幸福感来源		1分 （很差）	2分 （较差）	3分 （一般）	4分 （良好）	5分 （很好）
物质	收入水平					
	居住条件					
	社会保障					
环境	空气清新					
	水质优良					
	市容整洁					
情感	城市归属感					
	家庭归属感					
精神	心中有信仰					
	事业有奔头					
公平	权利平等					
	机会均等					
	分配合理					

下 篇

幸福城市学得到

"我每周只工作 21 小时,一年赚 8 万美元。我开的是梅赛德斯·奔驰,每年都带家人去希腊旅游。"说这话的男子叫简·哈默,他穿着耐克跑鞋,手上的镯子上写着"世界上最美丽的垃圾工人",没错,他只是丹麦奥胡斯市的一个垃圾收集工人,而且不是"富二代",但却幸福无比。简·哈默还说:"你不可能找到比收垃圾更好的工作!"

　　一个垃圾收集工人都能过得如此幸福,正是得益于奥胡斯市注重幸福城市建设。像奥胡斯这样的幸福城市,在世界范围内还有不少,比如迪拜、北九州、新加坡,还有我国的杭州、成都等。我们能过上这样的幸福生活吗?答案是肯定的,因为幸福城市可以借鉴。当然,借鉴绝不是照搬,而是探究他们幸福背后的原因,把他们最重要的"幸福基因"移植到我们的城市建设中来。

  2014 年 1 月 31 日，阿联酋迪拜著名的地标建筑、七星级的阿拉伯塔酒店（又称帆船酒店）的楼体正面外墙上用绿色激光打出骏马图案和"2014 春节快乐"字样。

新华社提供照片

充满现代化气息、干净整洁的迪拜地铁通道。

迪拜警局添置豪车。

第一章 迪拜：路不拾遗，安全至上

从"阿拉伯之春"到埃及清场行动，再到叙利亚化武危机，国际社会一次又一次被中东扑朔迷离的乱局所困扰。充满族群教派争斗、社会经济矛盾，被火药味深深笼罩的中东，似乎和幸福很难扯上什么关系，然而，出乎很多人的意料，就是在这片战火纷飞、硝烟弥漫的大地上，有一个叫迪拜的小城，却成为世界上公认的最"安全"和"幸福"的城市之一。

在迪拜，你可以在深夜独自一人徜徉在繁华的街头，在街灯的照耀下享受难得的静谧；你可以在咖啡厅里享受美妙的午后时光，完全不用担心停泊在店外、忘记锁门的爱车；如果你的背包忘记拉拉链，也不会有"第三只手"悄悄伸进去……身处迪拜，你丝毫不用担心"危险"的来临。在迪拜，幸福就是这样被莫大的"安全"环绕着。

第一节 中东沙漠里最安全的城市

一提到"中东"，很多人的脑海里马上会涌现出战火连天的城镇、惨无人道的杀戮以及随时有可能爆发的冲突。然而，一说起"迪拜"，人们却通常会想到繁华的经济、直插云霄的未来感建筑、纸醉金迷的奢华酒店……几乎没有人会把迪拜与中东的混乱联系在一起。的确，迪拜，这个位于漫天黄沙沙漠腹地的阿拉伯"明珠"，堪称中东最安全的城市。

迪拜是阿拉伯联合酋长国人口最多的酋长国，从面积上计算则是继阿布扎比之后的第二大酋长国，迪拜还是中东地区的经济和金融中心，是一座名副其实的国际化大都市，有"中东的小香港"之称。

迪拜的"安全"美名并不是靠吹嘘，而是有确实证据的。2007年4月9日，在迪拜举行的国际城市治安和犯罪率研讨会上，迪拜警察总长达西·塔密姆少将公布了一组统计数据：世界各城市的平均犯罪率为每10万人中有6—8个案件，但迪拜的平均记录是0.5—1个案件，远低于世界平均水平。根据塔密姆少将提供的信息，我们还可以进一步了解到，2006年迪拜的谋杀率是10万人比1.5，国际城市的平均值则达到4；也是在2006年，迪拜抢劫案的比例是10万人比13.6，而国际城市的平均值高达100。

如今，随着城市现代化进程的加快，交通事故已经成为影响城市居民幸福生活的一大可怕杀手，这也是迪拜这座城市重点解决的难题。随着迪拜城市区域的不断扩大，人口数量猛增，车辆数也持续增长，在这个大背景下，迪拜的交通管理不断借鉴世界各国的经验，建立了非常先进的监控和指挥系统。特别是1970年后，迪拜更是对城市交通安全问题不敢有丝毫的疏忽。交通局统计的数字表明，迪拜的交通事故率年年降低，从20世纪70年代的10万比38，降低到了90年代的10万比18。

"头痛医头，脚痛医脚"不是迪拜的作风，迪拜的安全源自治本。迪拜非常重视社会的全面发展，比如妥善安排医疗、住房和失业等关乎居民切身利益的问题，让迪拜的民众都过上富足的生活，使之不屑于去犯罪，也压根儿没有必要去犯罪，这样一来，就从源头上预防和杜绝了犯罪行为发生的可能。

用"路不拾遗，夜不闭户"来形容迪拜的安全也许有些夸张了，但迪拜的安全性真的是世界罕见，在迪拜，除了偶尔有车祸的消息传来，你极少会听到有关犯罪的传闻，偷盗、抢劫、诈骗等案件，更是难寻踪影。

关于迪拜曾有这样一项调查，当问到定居在迪拜的外籍人士最担心的五件事情时，人们给出的答案颇令人惊讶：他们最担忧的竟然是居住在世界各地的亲人的安全问题，比如社会暴力事件，还有各种原因导致的车祸等。

在充满火药味、恐怖主义四起的中东地区，迪拜俨然就是一处世外桃源，让这里的人们尽情地享受祥和与安宁。

第二节　严厉制度：完备的社会综合管理制度

对于任何一个城市来说，幸福都没有捷径，不可能一蹴而就；幸福也没有止境，需要持续不断的努力。也正因为这样，建立一个能够为"幸福"保驾护航的社会管理制度就显得非常重要。

迪拜有226万常住人口，42.3％的人口为印度人，17％为阿联酋公民，13.3％为巴基斯坦人，7.5％为孟加拉国人，9.1％为阿拉伯人，10.8％为其他种族。从这个数据中可以看出，在迪拜有超过80％的人口是外来人口。迪拜的人口来源如此广泛、人口构成如此复杂，管理起来自然难度巨大。然而，就是在这样复杂的背景下，迪拜的治安远远好于世界其他城市，隐藏在背后的一个主要原因就是迪拜全球闻名的社会管理制度。

迪拜完善的社会管理制度并不是凭空产生的，在此之前，迪拜也曾经走过一段很长的弯路。20世纪初期，迪拜就成为一个吸引定居在城市中的外国商人的重要港口。外来人口迅猛而又急剧地涌入，给迪拜的城市管理带来了极大的冲击。混乱的社会环境，也成为滋生犯罪和不法行为的温床。那时的迪拜街头，可不像如今这么繁华、安定，违法犯罪活动时有发生，人们都生活在恐惧和不安之中。

1961年，拉希德酋长发布命令，成立市政委员会。为了最大限度打击非法行为，保证社会的安定和安全，市政委员会制定了一套完备的社会综合管理制度，对城建、交通、卫生、市场等市政事务进行妥善的管理。

迪拜的社会管理制度尤其关注人们的身体健康，因为无论到任何时候，身体健康都是幸福的前提。为了防止恶性传染病的传入，也为了切实地保护迪拜人的身体健康，迪拜政府规定，所有来到迪拜的外国人要在30天内到指定的医院进行体检，主要是针对艾滋病、肺结核等疾病，一旦筛查结果不合格就会被遣送出境，没有任何商量的余地。

迪拜社会管理制度的一个突出特点就是"严厉"，严厉到了近乎"蛮不讲理"的程度。在迪拜，只要打架，无论是谁挑起的，无论原因是什么，双方都要被投入监狱之中。迪拜法律的标准不是对错，而是是否对社会造成伤害，这是迪拜几乎没有暴力犯罪的一个重要原因，也为迪拜的安全打下了坚实的基础。

迪拜对外籍人员违法行为的处理更加严格。比如闯红灯一次，就会被罚款200美元；贩卖假货，即使只是一粒纽扣，也将面临数千美元的处罚，甚至被驱逐出境。而被驱逐出境的外国人，将永远不得入境。

可见，在迪拜，不仅制度本身非常严格，制度的执行也不存在任何可商量的余地。正是这种严格的社会综合管理制度，让迪拜人看到了犯罪的巨大代价，让迪拜人在犯罪面前望而却步，进而建立了一个世界闻名的安全城市。

让幸福落到实处，有赖于一定的制度机制保障，其重中之重是制度的完善与健全，使制度能够得到具体而切实的执行和落实。所有与人民幸福感息息相关的具体民生事项，如交通、住房保障、物价、社保、教育等，都要纳入到社会管理制度的范围之内。不管是制度的制定还是执行过程，施政者都应该更多地走入人民群众之中，切切实实了解他们对安全、幸福的真正期盼以及所思所想。这样，才能让社会管理制度真正发挥作用，才能提升人民的幸福指数，才能保证社会的安定、团结。

第三节　现代科技："虹膜扫描"和全天候监控

有人称迪拜是现代科技浇灌出来的奇迹，的确，在迪拜，到处都能领略到科技的魅力。在城市安全的建设中，迪拜也充分发挥了科技的力量——"虹膜扫描"技术为迪拜的安全提供了最为牢固的一道防线。

"虹膜扫描"是世界上最先进的身份识别技术。由于迪拜高度繁华，入境旅客众多，也就很容易混进一些"麻烦分子"。要想把"麻烦分子"从数百万人中找出来，简直如同大海捞针一般困难。不过，"虹膜扫描"技术却轻松地完成了这一点。在迪拜，每位外国人下飞机入关前，都必须要接受最先进的"虹膜扫描"，以辨识、建立身份。如果发现被扫描的人存在问题，出入境管理局就会第一时间将其控制起来，避免对人们造成危害。

基于虹膜扫描的身份识别理论最早开始于 19 世纪 30 年代，但直到 19 世纪末才开始进行商业化应用。相对于指纹扫描来说，虹膜扫描的优点在于不需要物理触碰，在相隔一定距离的情况下就可以完成扫描。虹膜扫描可以准确记录和识别犯罪记录，还能够识别人体所携带的疾病。虹膜扫描技术好比为迪拜建起了一张强大的防护网，这张防护网可以识别和阻挡任何可能对迪拜产生威胁的因素，保证迪拜的安全。

此外，迪拜还在绝大多数的公共场所都安装了监控设备，"秘密警察"更是在城市的各个地方布控，有任何可能危害到社会安全的不法行为，都将在第一时间被发现和处理，将对整个城市可能造成的伤害降到最低。

幸福城市"五大标准"中，"物质有保障"是基础，而提供一个安全的居住环境是基础中的基础。然而，在当今很多城市，偷盗事件频发，恶性刑事案件不断，连市民最基本的安全问题都难以充分保障，还谈什么幸福城市呢？没有安全，幸福城市就像是"泥腿巨人"，随时有坍塌的可能。迪拜在安全保障上的做法无疑给众多城市管理者们提供了一个很好的示范，值得我们学习与借鉴。

　　2014 年 12 月 3 日，新加坡在滨海湾举行跨年倒数派对，并庆祝 2015 年独立 50 周年。

新华社提供照片（邓智炜摄）

　　新加坡"树屋公寓"。

新华社提供照片

新加坡的组屋。

花开狮城。

第二章　新加坡：居者有其屋

安居乐业，是每个人心中最美好的愿望之一，也是幸福生活的重要前提。放眼世界，在住房方面最幸福的，非新加坡莫属。

新加坡政府不遗余力，通过大量建造租屋低价出售，同时辅之以住房公积金和多种优惠政策、补贴的方式，让新加坡从事任何职业的人都能买得起自己的房子，都能够享受自己的幸福人生。新加坡曾经连续数十年被评选为"最适合亚洲人居住的城市"，它在"安居"方面所取得的成就功不可没。

第一节　生机勃勃的"花园城市"

新加坡位于东南亚的一隅，是一个典型的城市国家，也是亚洲最重要的金融、航运和服务中心。因为新加坡的国土形状像狮子，所以又叫"狮子城"。新加坡是全球最为富裕的国家之一，属于新兴的发达国家，其经济模式被称为"国家资本主义"，并以稳定的政局、廉洁高效的政府而著称。在这座汇聚了现代与传统的风格特色、融合东西文化之精粹的城市，人们可以感受华人文化、马来文化及印度文化等多元民族特色。这个城市既有着钢筋水泥森林的一面，也有盎然绿意充满整个城区的美景，令人目不暇接。

新加坡因为在城市保洁方面的出色表现，有"花园城市"之称。走在新加坡的马路上，感受到的不是人潮拥挤，而是被路旁郁郁葱葱的大树所吸引。绿树与高楼交相辉映，整座城市宛如置身于绿色海洋之中。

新加坡独立后，只用了40多年的时间就建成了这座世界公认的最宜居城市，新加坡的"秘诀"主要是处理好城市规划、建设和管理这三者之间的关系。只有规划好，才能建设好，也只有管理好，才能真正提升城市的建设水平。新加坡非常注重城市规划，真正把城市规划提升到了引领城市发展的战略地位。早在建国初期，新加坡就聘请联合国专家，历时4年制定了全国概念性发展规划；在此基础上，又制定了城市总体规划和区域规划，这些规划都为新加坡"花园城市"的建设打下了坚实的基础。

"花园城市"的建设离不开严格的城市管理，新加坡的城市管理强调以人为本、服务在先，但同时十分强调法律的权威性，惩罚非常严格。据说有一对恋人，晚上离开植物园时把报纸忘在了草地上，第二天，公园的管理人员几经周折找到他们，对其进行批评教育并处以30新元的罚款。在新加坡，随地吐痰、乱丢垃圾、上厕所后不冲水，都会被处以罚款，最高可达1000新元。而对于在城市绿化方面作出贡献的居民，比如种植的花草树木又多又好，则会得到政府的奖励，甚至会因此减免房租。

如今的新加坡，城市绿化率超过50%，常年绿树成荫、花香四溢，用"花园城市新加坡，镜头之下皆是景"来形容，真是一点儿都不为过。

第二节　公共住宅规划：缔造家园的远见

衣、食、住、行，是一个人一生中最为重要的几个问题，其中最难的，应当要数"住"了。"安得广厦千万间，大庇天下寒士俱欢颜"，早在一千多年前，我国唐朝诗人杜甫就表达了人们对于住房这一生活基本保障的渴求。在任何一个城市、任何一个国家，住房问题都是人们最为关注的一个重点，因为住房问题不仅关系到每个人的生活是否幸福，还关系到社会的长治久安。

新加坡是世界上少有的成功解决居民住宅问题的国家之一。为此，新加坡经历了一段漫长的努力过程。

20 世纪 50 年代以前，大部分新加坡居民只能居住在脏水横流、下雨漏水的陋屋区，生活环境非常恶劣，英国房屋委员会曾经将其称为"世界上最糟糕的贫民窟，文明社会的耻辱"。为此，英国殖民政府在新加坡建造了 23000 个住房单位，但只能为当时8.8%的人解决住房问题。

到 1959 年，新加坡获得了自治权，失业和住房短缺成为当时最大的两个社会矛盾。在这种背景下，新加坡政府优先进行住房建设，制定了《住房发展法》，并且在 1960 年成立了建屋发展局。1964 年，新加坡总理李光耀的一句"我们的新社会，居者有其屋是关键"，揭开了新加坡大规模兴建组屋的序幕。

新加坡的住宅主要包括两种类型，就是组屋和私宅。其中，组屋也叫组合房屋，是新加坡的主要住宅类型。新加坡的组屋是政府兴建的公共住房，类似于我国的经济适用房。组屋由政府统一规划、建设，并以较低的价格出售给本国居民，虽然价格低廉，但组屋的房屋品质和居住环境丝毫不比商品房逊色。目前，新加坡有 80% 以上的居民居住在组屋内，可以说，组屋帮助新加坡人实现了自己的住房梦想。

新加坡的组屋，根据面积大小分为"一房"、"二房"、"五房"等类型。这是依据房间类型来划分的，"一房"就是只有一间的单身公寓，"五房"则是三室两厅两卫再加一个书房。"五房"的面积一般在 100—120 平方米之间。

虽然是公共住房，房屋的设计却很精良，都是明厨明卫。由于新加坡有较丰富的土地储备，建屋局在不同的地段提供不同类型的组屋，涵盖了市区、外市区、内郊区、外郊区和新镇。

组屋的一个重要特点是一层都为开放空间，只有廊柱和承重墙，这样做，一是为居民提供更多的活动空间，比如晨练、傍晚娱乐等活动；二是为了避免一楼房屋的潮湿对住户产生影响。

在新加坡，不是所有人都能申请到组屋，申请条件有严格的审查制度，以保证分配合理、公开、透明。组屋申请条件主要有以下四个。

第一，公民权。它规定申请者必须是新加坡公民，而共同申请的其他成员为新加坡公民或永久居民。

第二，没有房产。拥有私有房产的居民不能申请组屋，甚至那些放弃其私有房产的申请者也必须在其具备申请资格的 30 个月后才能申请。

第三，核定收入水平。总收入超过收入限额标准的家庭不能申请。目前，申请组屋的家庭月收入不得超过 1 万新加坡元（约合 48000 元人民币），而多代同堂大家庭月总收入在 1.5 万新加坡元（约合 72000 元人民币）以下即可申请。

第四，新建组屋的申请者须形成"核心家庭"。核心家庭是指由夫妻、父母子女、祖父母与孙子其中一种方式组成的家庭。

如果是未婚夫妻申请，必须要在申请后的 3 个月内拿到结婚证明；单身人士在 55 岁后才可以申请组屋。

因为首要解决的是居住问题，所以新加坡政府明确要求屋主至少住够 5 年，才可以转卖组屋。对于首次转卖的组屋，政府要抽取一定的附加费。如果不满 5 年时卖掉组屋，政府规定屋主只能将组屋回卖给政府，政府照原价收回，且不收租金。回收的组屋，政府再将其重新纳入组屋分配编制。

为了更好地满足居民的住房需求，新加坡建屋局每 5 年都会进行一次调查，主要是针对组屋的结构、设施、社区管理的满意度，以此作为建造新的组屋类型的依据。可见，新加坡政府的确是一个很贴心的"管家"，一直在用心为自己的市民规划家园。

"新加坡国父"李光耀曾在其回忆录中说，新加坡希望建造公众买得起的住房，建立一个有产的政体，因为当一个国家的绝大多数人拥有房产后，他们的幸福就和国家紧密联系在了一起，这样就可以保证国家的稳定。的确，"安居乐业"，只有先安居才能乐业，才能享受幸福生活。新加坡政府投入巨大的人力、物力和财力，建造居民住得起的住房，为居民谋幸福，为国家谋安康，相信可以带给很多国家和城市以启发。

第三节　买得起：公积金、低房价和政策优惠

组屋的建设是新加坡解决居民住房问题的主要措施，另外，为了满足居民拥有属于自己的住房的愿望，新加坡政府也为购房者提供了多项优惠政策。

即使建造再多再好的房子，如果房价超出人们的承受能力，也没有意义，因此，新加坡政府在建造大量组屋的同时充分考虑到了房价因素。首先，用于组屋建设的土地都是政府无偿划拨。同时，建屋局的财政预算被纳入国家规划，在建造组屋的过程中，如果预算超支，还可得到政府的资助。这样一来，组屋的出售价格比同类的商品房要低50%—70%，如此大幅度的优惠让很多人可以轻松地购买属于自己的"家"。在新加坡，只要肯努力，从事任何职业的人都可以买得起房子。

为了帮助人们购买房屋，新加坡还建立了中央公积金制度。这项制度始于1955年，具有很高的强制性，规定企业和员工必须以员工的工资为基数，按照法定的公积金缴纳率，按月准时将钱存到中央公积金局的个人账户中。这些钱可以用于住房、退休、医疗等方面。一般来说，大多数的新加坡公民都会用这部分钱来购房或者偿还购房贷款。一般只需要3年的公积金储蓄就能够支付20%的购房首付款。

多年来，新加坡政府还在不断加强对低收入家庭购买组屋的预算。2011年，中低收入家庭首次购买组屋可获得的政府补贴就已经达到4万新加坡元（约合192000元人民币）。此外，考虑到降低预售组屋价格将会伤害到已经购房的屋主，政府会给予低收入者和中等收入者家庭更多的购房补贴，甚至包括水电费、物业费等方面，中低收入者家庭也能享受到政府的补贴。

在新加坡，住房是低收入者分享国家发展成就、提高自身生活水平的重要途径。通过多项措施缓解人民的住房压力，既能够有效地提高人民的安全感和幸福感，也能为社会的稳定、和谐提供切实的保障。

第四节　住得好：完善的"组屋"管理和服务网络

新加坡的组屋建设已经发展了近 40 年，但是，整个新加坡的面貌仍然给人焕然一新的感觉，这主要得益于新加坡政府对组屋的"贴心"管理。

组屋建好投入使用后，新加坡政府每隔一段时间就会对房屋进行修缮，基本上是五年一小修，十年一大修。小修比如房屋外立面的刷新，还有地板的修补、更新。大修主要是房屋功能的改善，比如在没有电梯的小区安装电梯，对陈旧的电梯进行更新换代。更让人感觉贴心的是，政府每次修缮房屋之前，都会通知居民并征求他们的修缮意见，参照居民的意见确定最终的修缮方案。

新加坡属于热带雨林气候，全年平均温度在 23℃—34℃ 之间，常年的炎热使新加坡在环境卫生特别是垃圾的处理上特别用心。新加坡组屋建设中对垃圾处理的设计也别出心裁，在每一栋组屋中都设有专门的垃圾通道，然后在每一层设有倾倒口，通过这种方式把垃圾集中到一层的垃圾清运间。整个垃圾通道是全封闭的，所以就保证了居民区绝对无异味，保证了居民拥有健康、清洁的生活环境。

小到衣物的晾晒，政府都为居民考虑到了。新加坡的组屋多为高层或小高层，人口密度大，因此在规划房屋建设时专门进行了相关设计。大部分组屋都设计了专门的晾衣间，有些是和厨房合在一起，有些单独分开的。此外，窗外还设有悬置的晾衣竿。

对于组屋的装修，新加坡政府也有严格的规定，主要是避免因某些住户的装修对邻居产生影响。政府规定，居民对房屋的第一次装修必须在领到钥匙的 3 个月之内完成，要想进行第二次装修，则必须在居住 3 年之后。并且，住户在装修之前必须向建屋发展局申领装修许可证，由建屋发展局审核合格的承包商来装修。住户在装修的过程中，还要向所在小区的物业管理处缴纳相应的垃圾清运费。此外，进行装修的住户还需要向周边的居民告知装修周期，把由此对邻里正常生活带来的不便降到最低。

如果自己购买的组屋想要出租，则必须在相关部门登记，并按规定纳税。任何私自出租组屋、利用组屋牟取暴利的行为，一经发现都将受到严厉的处罚，重则有可能被收回组屋。

在公共服务方面，组屋的每个社区都建设了小贩中心、餐厅和停车场等，方便居民日常生活所需。根据新加坡建屋发展局的统计，自开展组屋建设以来总共建设了 1.66 万个商业和餐饮设施，223 个市场和餐饮中心，另外还有 30 多座体育馆和 70 多个公园、花园，等等。每个社区的购物和餐饮，基本上都可以走路解决，非常方便。

总体来看，新加坡在幸福城市"五大标准"中"物质保障"、"环境建设"方面取得的成绩尤为出色，值得众多深陷高房价和环境"脏乱差"困境的城市学习和借鉴。

日本美丽风光。

位于福冈县北九州市环保工业园区的"西日本家电回收再生会社"是日本九州地区最大的旧家电回收利用中心。

日本北九州关门大桥。

新华社提供照片（钱嗣杰摄）

1975 年 5 月 1 日，大连——北九州结成友好城市。

新华社提供照片

第三章 日本北九州：生态立市

从过去每日笼罩在烟雾之中的"七色烟城"，到今天令人心向往之的"星空之城"，这正是日本的北九州曾经走过的路。一座日本历史上污染最严重的城市，如今却成为世界范围内治理环境污染的模板城市。北九州如凤凰涅槃一般重生的秘诀究竟是什么？

也许只有痛过，才能真正"痛改前非"，北九州人正是因为遭受过最严重的环境污染，在污染中经受过最刻骨铭心的伤害，才痛下决心，行动起来，一步步治理环境污染，转换经济发展方式，换来了今天幸福的北九州。北九州得以重生的秘诀不是其他，而恰恰是付出行动，坚持不懈。

第一节 碧空万里的"星空之城"

在日本九州岛的最北端，有一个经济发达的工业城市，名为北九州。北九州地理位置优越，北侧为日本海的响滩，东侧为濑户内海的周防滩，有"亚洲的门户"之称，同时也是九州岛最大的港口城市。以北九州市为中心，形成了北九州都市圈及北九州工业地带两个经济区。

在北九州的胜山公园里，摆放着一口醒目的大钟，这是1973 年长崎市赠送给北九州市祈求和平的警钟。1945 年，这里曾经与核灾难擦肩而过——那颗让长崎市遭遇灭顶之灾的铀弹，最初是要被投掷在重工业云集的北九州市上空的，然而由于天气原因，美军临时调整了投放地点，北九州因此躲过了一劫。

因为运气好而躲过核浩劫的北九州市，在第二次世界大战结束以后恢复并且重建了钢铁、化学、煤炭等重化工业，经济重新复兴并逐渐走向了繁荣，成为日本奇迹的一个缩影。

然而，伴随着经济的快速发展，北九州也开始面临严重的空气、噪声和水质污染等环境问题，一度成为日本大气污染最严重的地区。在当时污染特别严重的地方，院中的树木枯萎，花儿难以开放，甚至屋内的地板都变成了黑色。环境问题也对市民的生命健康产生了严重影响，从学童开始发病的呼吸系统疾病频频发生，令人们痛不欲生。因为当时工厂的烟囱里冒出的烟有各种颜色，北九州又被称为"七色烟城"。

其实，那个时期整个日本都面临着严重的环境污染问题，被西方媒体形容为"环境噩梦"，而北九州则是当时日本污染最严重的城市，没有"之一"。

但是，这座曾经率先拉开东亚近代化大幕的城市并没有因此而沉沦下去。从 20 世纪 70 年代开始，政府、企业以及社会各界纷纷联合起来，约束排放、发展循环经济，并且在重工业之外引入了新兴产业和高端研究机构，努力以"生态"和"高技术"来改善北九州的环境，重塑环保、干净、宜居的城市形象。

这之后几十年的实践证明，北九州的生态城市战略获得了巨大成功，不仅还人们一片碧海蓝天，还塑造了全新与可持续的城市经济、产业结构。如今的北九州已经从烟雾弥漫的"七色烟城"，摇身一变成为碧空万里的"星空之城"，是日本乃至世界范围内的环境保护模范城市，更是幸福之城。

这座依然保持着工业优势的现代化城市，已是满眼绿色，碧水蓝天。再加上北九州境内山丘较多，气候温暖湿润，年平均气温17.2℃，如今更是已经成为世界范围内的热门旅游胜地，是全世界的城市都在力争效仿的环境治理模板。

2012年2月6日，北九州市还被选为"绿色亚洲国际战略综合特区"，这是以"绿色革新"和"亚洲经济战略"作为支柱，增强以环境为核心的产业竞争力，从亚洲面向世界展开的产业据点。同时，北九州也入选为"北九州市环境未来都市"，这意味着北九州在未来的发展中将获得更多来自国家的支持，既包括经济预算方面，也包括政策优惠方面。在未来，北九州将积极借鉴国际上的先进经验，聚焦于"环境"、"超老龄化"、"国际化"等课题，朝着"每个人都向往生活的城市"这一目标进发，北九州人将续写更为华丽的幸福篇章。

日本北九州的"涅槃重生"无疑也带给我们很多启发：以牺牲环境为代价的经济发展方式，必然也将以人们的幸福生活为殉葬品。而无论多么严重的环境污染，只要痛下决心，付诸行动并坚持到底，就一定能够重获蓝天白云和灿烂星空。为了幸福，在治理环境污染的道路上，再怎么执着也不过分，因为没有什么比幸福更重要了。

第二节　民众的力量：妇女们发起环境保护运动

1901年，伴随着"轰隆隆"的机器轰鸣声，一个拥有多个厂房、烟囱林立的巨型工厂在北九州的八幡地区开始运转，数以万计的工人在厂房里井然有序地工作着，大烟囱里升腾起的浓重烟雾笼罩了整个下关海域。这就是日本第一家现代钢铁企业——八幡制铁所（日本最大钢铁企业新日铁公司的前身）。

在八幡制铁所的带动之下，北九州开始大兴土木，先后修筑了门司港、九州铁路，逐渐形成以钢铁、煤炭、化学、矿山机械等产业为主的工业区，并逐步成为与东京圈工业区并驾齐驱的日本重工业基地。对于过去的北九州来说，其"立市之本"——重化工业，曾经为这座城市的崛起与复兴带来巨大的荣耀。当北九州工厂的烟囱里冒出的烟呈现七种不同的颜色时，北九州的市民心中曾经因此充满了自豪感："瞧，北九州有七彩云烟！"甚至有人将此景象拍下来，制成明信片发行。但没过多久，人们发现这是一场噩梦。

不知道是从什么时候开始，医院挤满了哮喘病患者。洞海湾也成了"死海"。1966年，洞海湾内的溶解氧量为0毫克/升，而化学需氧量则高达36毫克/升。100多种鱼类和其他水生生物在海湾内全部绝迹，按照当时环境部门的检测结果，这个时期的北九州港湾是"连大肠杆菌都不能生存的死海"。北九州的百姓们开始意识到环境污染的严重性，意识到如果再不行动起来，人和动物一样，最终也会成为环境污染的牺牲品。

通过如今北九州环境博物馆里的照片，我们可以看到当时环境污染的写真：一个月内，1平方米的空间里落下80吨粉尘；没有及时得到清理的屋顶上的灰尘，甚至出现了固化现象，看上去更像是一个混凝土铸件；浓密的烟雾同样可怕，连屋檐上的铁制导水管都给腐蚀掉了；被远近80多家工厂包围的成山小学，深陷被污染的汪洋大海之中，生病的学生越来越多，最后不得不选择停课。

最爱孩子莫过于母亲，看着孩子们遭受这样的毒害，母亲们最先行动起来了。这些母亲们自发成立了"户区排除公害妇人会"，不过，妇人会的成立并不是为了和企业做斗争，而是要探索出一个共赢的解决方案，因为他们的丈夫和兄弟几乎都在这些企业上班，他们很多家庭的经济来源都依赖于这些工厂。其实，当时的日本，因为环境污染引发的起诉案件很多，但北九州却是一个例外。

妇人会做的第一件事就是花了几个月的时间收集证据，目的主要是调查工厂污染和孩子身体健康之间的关系。1963 年，这些母亲们以孩子的学校和家庭生活为题材拍摄了题为《我们需要蓝天》的纪录片。这个纪录片虽然只有短短 30 分钟，但是其内容却触目惊心。在当时，这种宣传方式，确切地说是"抗议方式"，还比较罕见，很快就在日本全国范围内引起了极大反响，使企业和政府相关部门不得不对环境污染问题提起足够的重视。

以这次妇人会的行动为标志，日本正式拉开了环保革命的序幕。在那之后，北九州的政府开始研究并制定应对环境问题的相关对策，比如，开始着手对空气和水进行检测，并对各个企业进行精细化的调查，调查范围涉及产品、规模、废气废水的排放等各个方面，进而与各个企业负责人进行对话，陆续签订了很多公害防止决定。妇人会的这次行动，也直接促成了 4 年后日本第一个环境保护法律的诞生。到 19 世纪 70 年代初，北九州的工厂都开始烧低硫煤，大大减少了二氧化硫的排放。

人们的努力没有白费，1990 年，北九州成为第一个获得联合国环境规划署"全球 500 佳"的日本城市。从"世界环境危机城市"到"全球环境 500 佳"，北九州只用了 20 年。

北九州治理环境污染的案例告诉我们，民众的力量不可小觑，普通老百姓的积极行动也可以掀起环保革命的浪潮。北九州的案例同时也告诉我们，要幸福，就要行动起来。被动地忍受与等待，只会换来环境污染的持续恶化，只能与人们想要的幸福生活越来越远。

第三节　发展循环经济：谋求并建立国际资源循环基地

1968 年 3 月，北九州市的各家医院接治了一些奇怪的病人：他们眼睑浮肿、全身长满了红色的疙瘩、肌肉疼痛、四肢麻木、肝功能下降、胃肠道功能紊乱，医生对此束手无策，很多人因为医治无效而死亡。这种病很快就在北九州蔓延开来，受害者达 1 万多人。

这个令人震惊的事件爆发之后，日本卫生部门迅速展开追踪调查，发现北九州一个食用油厂在生产米糠油的时候，因管理不善，操作失误，致使米糠油中混入了在脱臭工艺中使用的热载体多氯联苯，造成食物油污染。这种有毒的米糠油销往世界各地，造成了多人中毒死亡的严重后果。这就是震惊世界的八大环境公害之一"多氯联苯污染事件"。

"多氯联苯污染事件"的爆发，给了北九州政府重重一击，他们清醒地认识到，只注重经济发展、不计后果的发展方式，必定会给社会带来无法挽回的痛苦。从那之后，北九州开始将"产业振兴"和"环境保护"进行结合，大力实施"产业环境化、环境产业化"的发展战略，力求通过发展循环经济实现经济和环境的双赢。

北九州发展循环经济，在当时还有另一重背景。1985 年，七国广场协议导致日元升值，使北九州以出口为主的产业结构遭受重创，最终导致北九州以牺牲环境为代价换来的经济繁荣迅速走向低迷，于是北九州的政府和企业界开始寄希望于在循环经济中找到新的突破点。

一边是环境污染日益加重，迫使当地政府不得不抛弃原有的经济发展方式；另一边是在循环经济中可能孕育着的新的经济增长点，在这双重因素的推动下，大力发展循环经济、建设生态工业园区成为北九州的必然选择。

1993 年，北九州首先提出"废弃物治理及循环利用代替处理"的基本政策。在这项政策的指导下，垃圾不仅不对环境产生破坏，通过环保清洁的焚烧方式，还可以为居民供热、供电，成为有价值的工业原料。也是在这一时期，日本出台了《家电回收法》，家电生产企业有义务回收废弃家电，居民丢弃废旧家电需要交纳相应的费用，如果随意丢弃废旧家电则被视为违法行为。

后来，日本逐渐开始对汽车、建筑垃圾、废旧木材、塑料等多种商品进行回收。废旧物品的回收，不仅在很大程度上解决了环境污染问题，还催生了北九州资源再生市场的活跃，从二手车店、书店到二手日用品店等，很多人可以用很少的钱就可以买到自己所需的生活用品。

为了进一步建设资源循环型社会，北九州人大胆策划并推行了"ECO - TOWN"工程。这项工程的宗旨是"堵住废物源头，推进废物利用，靠环境产业振兴地方经济，创造资源循环型社会"，于 1997 年 7 月获得日本政府的批准正式立项，成为日本第一个建设生态工业园区的试点。在实施这项工程的过程中，北九州政府在若松区洞海湾的填海地区专门规划出了两大区域，用来从事环保产业的研究开发和实验性生产等。在科技开发试验区，是 20 多个由政府、大学和企业联合办起来的研究所。在综合环境工业区，则是汽车、家电、医疗器械等废品的处理厂和再循环利用工厂。

从 2002 年起，北九州生态工业园区进入第二阶段，这一阶段的目标是建设一个不产生任何废弃物的"零排放"生态系统，并力争把北九州发展成为亚洲的国际资源循环和环境产业基地。为了达成这一目标，北九州在全市范围内共设立了 26 个针对生活和工业垃圾的专用循环装置。北九州八幡制铁所的资料显示，"在最终生成物里，无法利用的废物仅占总质量的 2%"。

环保是一个需要高投入的产业，从 1960 年到 2003 年，为发展地区循环经济，建设生态工业园区，日本中央政府、北九州地方政府和各大企业总共投入了 8000 亿日元资金。然而，如果只是投入而不产出，就很难长期维持下去。北九州的循环经济，其主要投资来源还是企业。除了环保技术的保障，北九州企业投资环保的动力主要来自政府制定的相关法律法规。比如，2005 年 1 月生效的日本《汽车报废回收再利用法》中规定，不管是购买新车还是二手车，消费者必须根据汽车排放量的大小缴纳 1 万—1.5 万日元（约合人民币 800—1200 元）的报废处理费用。而这些费用，按照规定都将被转入八幡制铁所等承担环保任务的企业，用以扶持循环经济的发展。如今，环保产业已经成为北九州重要的支柱产业，还形成了以废弃物回收利用、污水处理、新能源等环保产业为主的产业集群。

今天走进北九州生态工业园区，呈现在眼前的是宽阔干净的马路和路旁的绿树成荫，让人几乎不敢相信自己正置身于工业园区。虽然烟囱林立，但烟雾弥漫的景象已经难以看到，因为这些烟囱里排放出来的并不是烟尘，而是经过处理后达到排放标准的气体。从"七色"到"无色"，北九州这座城市完成了一次华丽的转身，摒弃了传统的"末端治理"，建立了"从摇篮到坟墓"的全过程治污模式。

总结北九州的循环经济发展模式，其主要特点有：由政府主导，企业作为主要参与者，而社区、市民各方提供充足的支持；充分的财政支持和环境教育；积极的国际交流与合作。其中，北九州市政府发挥了非常重要的作用，它有效地促进了环保项目的实施，在整体规划中体现工业发展与环境保护之间的平衡，适时调整法律法规，并提倡实施信息的公开化等，这是值得中国的很多城市借鉴的经验。

对于北九州的治污历程，北九州市市长末吉先生曾颇有感触地说，北九州走的是典型的"先污染后治理"的道路，这给北九州人民带来了不可挽回的伤害，而从经济的角度来看，看似是一条"经济至上"的道路，其实质却是很不"经济"的，因为北九州在治理环境污染上的投入非常巨大，如果在公害发生前就预防、治理，损失要小得多。可见，"透支"环境是一定要付出代价的，只有实现经济与环境的和谐发展，才是谋求幸福城市建设的可行之道。

第四节　社会共建：加强环境教育，倡导绿色消费

从"七色烟城"到"星空之城"，绝对不是某个人或者某个组织、单位的功劳，而是全社会共建的结果。

为了北九州的复兴蓝图，从政府到企业，从学者到普通市

民，都把环保提到头等重要的位置上来，坚持树立生态文明观，积极倡导一种与环境和谐发展的经济增长方式。

政府先后采取了包括缔结防止公害的协议、建设污水处理厂和相应的监管中心等多项措施。1963 年，北九州设立的公害防止对策审议会，在后来北九州治理环境污染的过程中发挥了重要作用。1970 年，北九州还制定了《北九州市公害防止条例》，条例中明确规定了企业在保护环境方面的责任，规定企业必须对排放出的污染物进行适当的处理，不得以"商业机密"为借口隐瞒防止公害方面的相关信息。政府的这些举措，既是一种制约，也是一种导向，在全市范围内的环保工作中发挥了重要的引导作用。

当地的企业也纷纷积极响应政府的号召，遵循"减量化、再使用、再循环"的原则，通过引进先进的防治污染方面的技术、设备和人才，逐步实现"资源—产品—再生资源"的闭环反馈式循环过程。比如 1973 年，北九州市确立了 3 年内削减 70% 的硫氧化物排放物这一目标，并要求硫氧化物排放量较多的 48 家工厂出具了改良计划书，这些工厂通过引入排烟脱硫装置、使用低硫磺重油等措施，不到 3 年时间就提前完成了政府的预定目标。

从民众的角度来说，他们不断提高自己的环保观念，积极完成生活和消费方式的转变，彻底告别过去"大量生产、大量消费、大量废弃"的生活模式，身体力行地开始绿色消费、绿色生活。

终于，经过日本社会各界二十多年的共同努力，曾经的"七色烟城"奇迹般地变成了今天璀璨明亮的"星空城市"。

回顾日本治理环境污染的历程，日本能够成功实现经济发展方式的转型，一方面离不开政府相关政策法规的出台，离不开相关环保技术的研发；另一方面，也是更重要的方面，则是全民环保观念和环保习惯的养成。

在今天的北九州，即使是学龄儿童都知道，北九州每天产生的垃圾能装满 24 间教室，再有两三年的时间，日本所有的垃圾掩埋场都将填满。北九州市立曾根东小学甚至投资 1 亿日元，建设了学校的环保系统，并在不同年级开展清理滩涂、回收废品、上街宣传等环保体验活动，使学生们从小了解自然、亲近自然、保护自然，而不是征服自然。

其实，不只是北九州，整个日本的环保意识和理念都值得我们学习。有记者曾经在日本的一家旅馆见到这样一个场景：一个看上去刚上小学的小女孩，踮着脚问前台的服务员，为何旅馆只有一个垃圾桶，垃圾该怎么分类，直到服务员微笑着告诉她这些垃圾收走后会有人进行分类的，小女孩才放心地离开。

"环境利健康"，是幸福城市的一个重要标准。营造一个健康宜居的环境是每一个城市管理者、每一个市民的责任，只有把环保的理念和意识贯穿到每一个人的内心，让每一个人都自觉地行动起来，青山绿水和碧海蓝天才不会遥远。日本北九州，乃至整个日本治理环境污染的经验，已经成为全人类的财富，值得每个幸福城市建设者学习和借鉴。

213

2011 年 10 月廷布正在建设的巨型佛像。

廷布一角，展示青山绿水之间的古朴民风。

2005 年 4 月 16 日，一群学生在廷布一所学校的球场上打篮球，这是不丹年轻人喜爱的运动。

新华社提供照片

2005 年 4 月 17 日，廷布的一条主要商业街，整洁的街道，闲适的居民。

新华社提供照片

第四章　不丹廷布：简单快乐才是真幸福

幸福是什么？衣食无忧？学富五车？身体健康？无忧无虑？不同的人会给出不同的答案。在喜马拉雅山山脉的南麓，有一个宁静的小小城市，它用具体的指标和数据，告诉人们什么是幸福。它并不富有，却以国民的高幸福指数而为人称道，令世人瞩目。它就是不丹王国的首都——廷布。

第一节　不丹廷布：不简单的幸福味道

廷布位于旺曲河谷，是不丹的政治、军事、宗教和文化中心。从地图上看不丹，只是夹在中国与印度两个大国之间的一小块儿狭长地带。长久以来，它静静地偏安一隅，不为世人所知。然而，正是这个远离尘世的小国，却创造出了奇迹：2006年，它被评为全世界"幸福指数最高的国家"之一，其国民"幸福指数"亚洲排名第一，世界排名第十三。作为幸福城市的代表，首都廷布的幸福味道总耐人寻味。

登上离廷布不远处的山冈，放眼远去，你会看到山顶奉玛旗随风招展着，悬浮的雾霭在峰峦间自由游走，在对面的山腰处，则是香火不息的寺院。从山腰再往下，是一片片的绿油油的田野，仿佛是一片翡翠镶嵌在墨绿色的林地空隙里。那一座座散落的小房子，特别是在傍晚时分，炊烟袅绕而上时，与老子所描述的"小国寡民"的状态十分契合。

"小国寡民"要使百姓"甘其食，美其服，安其居，乐其俗"，不丹廷布成功地做到了这一点。由于不丹大部分土地温暖、肥沃，在廷布，蔬菜、水果、动植物等品类丰富，尤其是帕罗宗的鲑，是公认的美食；廷布女孩的传统服装尽显优美婀娜，而且全都是用传统工艺织成，仅一件就要花去一年时间，可见其考究；廷布多数民居屋顶都是宽大而独特的双层结构，遮阳、隔热、挡雨、防潮的效果都不错；廷布市民笃信藏传佛教噶举派，尊之为国教，往往最是胜景处就是民众构筑庙宇寺院的最佳所在。

行走在廷布，你会发现：这里生态优美，森林茂密，水资源丰富；这里没有重工业，没有烟囱，空气清新。除了满目的青山绿水、蓝天白云，印象最深的就是男女老少的微笑。不管是漫步街头的市民，还是学校上课的孩童，抑或走在路上的年轻男女，都平静悠闲、笑语盈盈。

在廷布，不但全民戒烟，而且禁止销售烟草，如果有人兜售烟草制品，得到的惩罚将是因走私罪而被判入狱。另外，为了保护森林资源，廷布政府明文规定禁止出口木材。偷猎、乱砍滥伐不但面临罚款、坐牢，还将遭到所有国民的唾弃。

廷布百姓的环保意识很强，居民们盛垃圾的工具不是纸箱，就是铁桶，根本见不到在中国泛滥成灾的塑料袋。一些可回收的垃圾，如易拉罐和玻璃瓶等则被分门别类装进编织袋里。在商场和各种服务性场所，廷布都明令禁止使用塑料袋。在商店购物，只能使用纸袋或布袋。一旦发现哪个商店使用塑料袋，都会毫不留情地课以重罚。强烈的环保意识使廷布能保留一片"高原净土"。

在廷布，公民看病全部免费。对于当地看不好的疑难病症，还会由政府协助前往印度或其他国家就医。廷布不仅实行十年义务教育，对通过十年级考试的学生，还由国家支持其免费学习到高中毕业。此后再次通过考试进入高等学校的学生，还可继续享受国家提供的免费教育至大学三年级。这样的医疗体系和教育保障，众多经济发达的国家也没有做到。

在廷布，锁和钥匙几乎无用武之地，因为廷布的社会治安良好，犯罪率极低，人们外出都习惯门户大开。这种"路不拾遗，夜不闭户"的淳朴民风令人向往。对待财富，他们不贪，满足生活需要即可；对待发展，他们不贪，宁愿舍弃 GDP，也要保持与自然的和谐相处；对待人生，他们不贪，相信万事万物都有自己的归宿；对待名利，他们不贪，从国王到平民，都能放下身架回归平凡。

在全球化愈演愈烈的潮流之中，深栖于喜马拉雅山脉脚下的廷布却拒绝全球化，他们珍惜自己这一片幽静的世外桃源。对于廷布政府来说，最重要的任务就是为全民谋幸福。大多数人视经济发展为终极目标，而在廷布，经济只不过是实现终极幸福目标的手段。

第二节 "国民幸福指数"

如今的廷布，被世人奉为现代版的"桃花源"，人们看它，"仿佛若有光"。然而，廷布终究不是天堂，不可能处处皆是净土，他们遇到的问题并不比世界上任何一个国家少，比如，它的物质文明相对落后，属于世界最不发达城市之一；新生婴儿死亡率和文盲比例居高不下……然而，就是在这样的现实背景之下，廷布人依旧没有放弃对幸福的追求。

在廷布，幸福不只是一种自我感受，他们把幸福进行了延伸，甚至上升到了理论的高度——"国民幸福指数"。

1971 年，在不丹加入联合国的大会发言中，不丹第三代国王吉格梅·多尔吉·旺楚克提出"繁荣和幸福"概念，在国际社会引起了瞩目。1972 年，执政伊始的不丹第四代国王吉格梅·辛格·旺楚克，在花费 2 年时间到民间深入走访之后，宣布"国民的幸福比 GDP 重要，不丹治国的最终目标是增进国民的幸福，"并于 1976 年在斯里兰卡首都哥伦布举行的一次国际会议上第一次明确提出国民幸福总值（GNH，Gross National Happiness）概念。

"繁荣"意味着物质的增长，而"幸福"则更多指精神的满足。精神的满足一方面来源于物质的富足，另一方面更多来自非物质因素的满足。因此，从某种意义上说，"幸福"涵盖的范围比"繁荣"更大。换句话说，经济的繁荣是手段，幸福才是目的。不丹国王认为，与繁荣相比，国民的幸福更为重要。为此，不丹国王将"国民幸福总值"概念，写进了 2008 年制定的宪法第 9 条：国家将创造条件追求国民幸福总值。为了落实这一理念，不丹政府将原来的国家计划委员会改名为"国民幸福总值委员会"。

不丹有关部门还将幸福具体化，提出了度量幸福与否的九个方面的内容和七十二项指标（如图 3 所示）①。九方面的内容分别

① 马骏：《治理、政策与美好生活：不丹经验》，《公共行政评论》2013 年第 1 期。

包括：心理的幸福、国民的健康、教育、文化的多样性、地方的活力、环境的多样性和活力、时间的使用和分配、生活水平和收入、好的统治。七十二项指标更为具体，如"家庭成员是否相互帮助"、"睡眠时间"、"到医院的距离"等。这些数据每 3 年修订一次。

在廷布的幸福治理体系中，国民幸福指数（GNH）由以下四大支柱支撑。

一是良善的治理与政治民主。为了避免陷入战争和内乱的困境，廷布政府把紧密团结全国各族人民、保障国家的和平与稳定以及人民的平等与自由当成重要治理目标。为此，廷布政府付出了很多努力，最具代表性的措施是第四代国王主动将行政权力交给大臣委员会，并于 2008 年实行君主立宪，制定宪法，选举议会，建立民选内阁。

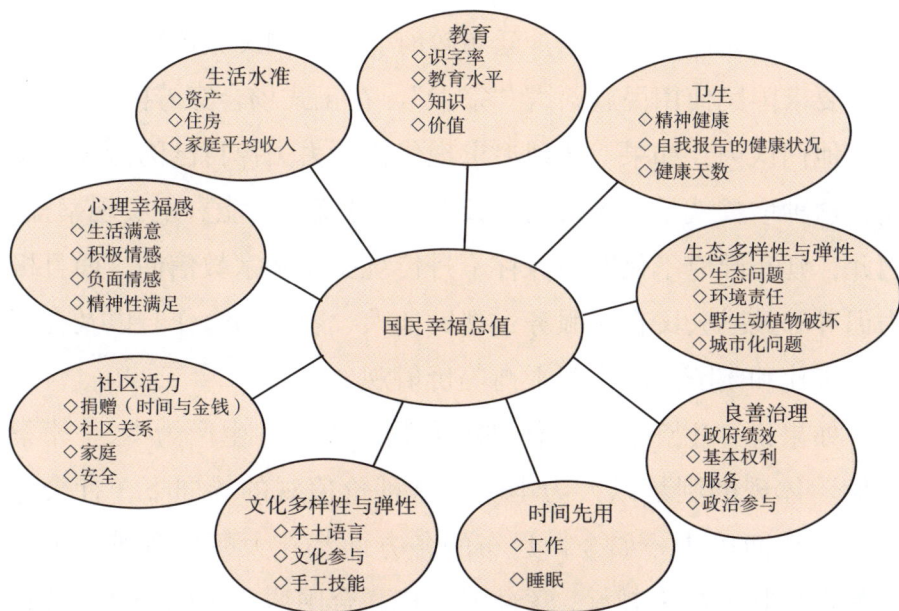

图 3　不丹的国民幸福指数

二是稳定且公平的社会经济发展。廷布并没有把经济发展放到压倒一切的位置，而是追求一种可持续和公平的发展。为此，被称为现代化之父的第三代国王吉格梅·多尔吉·旺楚克推行了一系列改革开放措施，比如放弃以往的闭关自守政策，加入联合国和一些地区性组织等。

另外，廷布的经济建设遵循可持续发展的原则，对所有重要项目进行审查，审查合格才可以实施。在廷布，工业项目并非首选，农业、观光和水力发电才是政府最重视的。并且，在农业方面，廷布也不一味追求产量的增长，而是重视发展有机农业，尽量不用化肥和农药。

三是环境保护。对于环境和生态保护，廷布也高度重视。廷布政府认为，环境与生态保护不仅是当前提升国民幸福的基础，也是子孙后代幸福的条件。在某些情况下，为了保护环境，廷布甚至不惜牺牲当下的经济发展。

四是文化保护与传承。廷布政府非常强调民族传统文化的保护，要求国民使用民族语言"宗卡"，在正式场合穿着民族服装。因为他们认为，如果一味地追求现代化，丢失掉自己的传统和文化，这种增长就是"无根的增长"，人民就不可能真正实现幸福。因此，廷布政府不仅努力保存不丹传统文化和宗教信仰，而且极力倡导和鼓励公民自愿服务、帮助他人、容忍与合作，以及在家庭、工作和闲暇之间实现平衡等价值观。

如果说"生产总值"体现的是物质为本、生产为本，"幸福总值"体现的则是以人为本。在这种价值观的导向下，社会才能获得全面进步。如今，廷布的各方面都在大幅度改善，卫生和教育的状况越来越好；联合国所辖联合国协会（UNA），评选不丹为东南亚（含南亚）地区善用非营利组织资源的第一名；世界银行评估不丹的政府效能 5.2 分，高居第一，远高于平均的 3.1 分。

　　其实，像廷布的 GNH 这样的尝试，在国际社会已经有很多，比如"绿色 GDP"、联合国人类发展指标、英国的"国内发展指数"等。这些指标的创设，既从某种程度上反映了单一 GDP 指标的局限性，也昭示着人类自身的新需要。

　　在中国，很多城市也提出幸福指数，要注意的一点是，作为制定发展规划和社会政策重要参考因素的幸福指数，与 GDP 之间的关系应该是辩证的。GDP 是硬指标，幸福指数是软指标，两者在发展规划和社会政策中各自具有独特的地位与作用，不能忽略任何一方。

第三节　没有西方化的现代化

　　很多城市在经济发展的过程中，都会毫无例外地走上工业化的道路，其结果是给环境与生态造成巨大的压力，甚至是不可逆转的破坏。作为一个现代化进程的"晚到者"，廷布一直有意识地避免重蹈覆辙，坚持走一条可持续发展的健康之路。

　　廷布在 20 世纪 60 年代和 70 年代启动现代化进程时，经济极其贫穷落后，完全是自给自足的小农经济。而且，由于地势复杂、交通落后，经济的货币化程度非常低，贸易主要是近距离的易货贸易，对外高度封闭。

　　经过几十年的发展，廷布经济已发生了巨大的结构变化。农业的比重逐渐降低，工业和服务业（尤其是工业）的比重逐渐上升。在廷布经济发展过程中，虽然工业的贡献越来越大，但是，廷布政府一直将工业化控制在一个适度的水平，经济发展并没有引发过快的城市化，目前其人口只有不到 75 万，只相当于我国的一个县城人口，也就没有出现交通拥挤、空气污染等城市病。

为了保护环境与生态，廷布政府甚至选择牺牲经济发展，这主要体现在廷布的旅游政策上。不丹是一个自然风光秀丽、生态极富多样性的佛教国家，吸引着来自世界各地的游客，这让旅游业成为廷布成长最快的产业。然而，为了保护生态和环境，廷布一直实施一种控制性的旅游政策，限制每年游客数量，例如，对游客征收每人每天 200 美元的旅游费，同时禁止某些区域开展旅游业。

这些年来，廷布一直是全球环境与生态保护最好的城市之一，在经济取得长足发展的同时，做到了零污染和零碳排放。廷布探索出的治理经济与社会的新模式，值得我们借鉴。

第四节　"不丹式幸福"：宗教即生活

廷布的幸福生活，离不开不丹整个国家的历史文化背景。不丹的历史伴随着佛教一路走来，75% 的不丹人信奉佛教。作为世界上唯一以藏传佛教为国教的国家，宗教给不丹的文化历史打下了深深的烙印，不丹因此也被称为"佛国"。不丹的寻常百姓家中都摆着佛龛，佛龛上铺着黄色的台布，金色的佛像置于其上，酥油灯长亮不熄。不丹人早晚膜拜，非常虔诚。宗教对不丹人而言是非常重要的，是他们的精神财富和幸福心理的来源。

对于不丹人来说，宗教并不是高高在上的，少了几分神秘感，而是作为一种生活方式，融入了他们日常生活的衣食住行。

在这里，寺院更像是有着宗教背景的学校，小喇嘛们席地而坐，朗读诵经。课间休息时，也像学校里的活泼少年一般，嬉笑着冲出教室，追赶打闹。这种宗教与生活融为一体的现象，会不自觉地让人忽略宗教本身，只纯粹地把这当成不丹人的生活方式。

很多不丹男人一生中要进行一次长时间的修道，3年3月零3天，除了冥想，什么都不做。政府对此显然也是非常支持和赞同的，为了方便在山上修道的人，不惜花费十几万元将电线拉入悬崖峭壁上供人冥想的小木屋。巨额的投入与其对宗教生活的重视相比，不算高昂。这也恰恰是一种典型的不丹价值观的体现。

由于长期受佛教教义的熏陶，宽厚待人、与世无争的思想早已渗入不丹人的生活中。所有建筑也依照传统形式搭建，不论是医院、银行、学校或是住家，也不论用的材质是泥土还是钢筋水泥，必须跟从传统的风格。

作为不丹的象征，首都廷布一直沿袭着这些传统文化，这也是廷布居民能缔造幸福城市的关键。对大多数廷布市民来说，确认灵魂安在是生活中最重要的事情，安放了灵魂，任物质世界如何变幻动荡，他们都安好自在。幸福城市的五大标准中，"情感有寄托"是追求精神世界幸福的最高标准，廷布市民情感有着良好的寄托，正是源自其情感的归属和心中坚定的信仰。

在普遍追求 GDP 数量的今天，廷布建设幸福城市的各种举措，尤其是实现情感层次和精神层次幸福的做法，值得很多城市建设者思考和借鉴。

奥胡斯美丽夜景。

印象奥胡斯。

全球七大最美高校——奥胡斯大学一角。

奥胡斯冰山公寓。

第五章　丹麦奥胡斯：平等和信任是"幸福密码"

丹麦因为安徒生而闻名于世，童话的影子在这个奇妙的国度无处不在。生活在童话里的丹麦人，是世界上最幸福的人——在对世界各国幸福指数的各项调查中，丹麦均位居首位。所以有人说，如果你想离幸福更近一些，就搬到丹麦去吧！而在堪称"理想国"的丹麦，有一个叫做奥胡斯的小城，又被人们公认为"最幸福的城市"。

作为丹麦的第二大城市，奥胡斯有"世界上最小的大城市"之称。这个时尚、年轻的丹麦小城，具有典型的欧洲田园风光，这里的艺术气氛与哥本哈根不相上下，无数的酒吧、餐厅和咖啡厅点亮了她的夜空。午后慵懒的时刻，或者是寂静的夜晚时分，自由地徜徉在这座城市的街头，你会由衷地感觉到什么是真正的幸福。

第一节　最具"童话色彩"的古典小城

奥胡斯又译做"奥尔胡斯"，位于丹麦日德兰半岛东岸。奥胡斯这一名字源于古丹麦语"Aros"，意思是小河口，因为奥胡斯正好位于奥胡斯河的河口上。奥胡斯虽然是丹麦的第二大城市，但其常住人口只有 30 万，大小也只是丹麦第一大城市哥本哈根的五分之一，用双脚即可丈量全城，故而有"世界上最小的大城市"之称。奥胡斯是一座很古老的城市，老城区已有 1000 年的历史。岁月在奥胡斯城的每个角落都留下了斑驳的痕迹，如今，当人们行走在奥胡斯的大街小巷里，依然能够看到很多建造于不同的历史时期、散发着浓厚的历史韵味的老房子。如果你把耳朵轻轻贴在那些古墙上，依稀间还能听到那穿越千年的历史回响。

奥胡斯是一座非常重视历史的城市，在奥胡斯人看来，每个人都应该回头看看自己曾经走过的路，珍惜自己曾经历的时光。他们珍爱这座城市的历史，因此，也非常注重保护名胜古迹，在古建筑搬迁复原的过程中，每一块砖都必须放到原来的位置。奥胡斯大教堂、奥胡斯老城、奥胡斯剧院、海关大楼、圣保罗教堂以及莫斯格史前博物馆、奥胡斯艺术博物馆、维京博物馆等历史悠久的古建筑，都得到了良好的保护，如今已经成为奥胡斯的旅游胜地，吸引着来自世界各地的游客。其中，奥胡斯保护得最好的建筑是教堂。位于市中心的圣·克莱门斯（Sankt Clemens）教堂，最老的部分建于 1197 年，15 世纪因为宗教信仰的改革，该教堂进行改建，成为哥特式建筑风格，其韵味十足的古典风，使它已经成为奥胡斯最具盛名的旅游景点之一。

历史悠久的老建筑与迷人的欧洲田园风光、时尚年轻的现代气息相结合，营造了一座魅力非凡的迷人都市。一位在奥胡斯居住了两年时间的"外来者"这样评价奥胡斯：它宁静而安详，不像其他大城市那样繁忙、拥堵，却也不像乡村那样偏僻，它有各种颜色的小房子，高高低低，充满了童话色彩。

这的确是一个充满童话色彩的幸福城市——在奥胡斯，人人都做着感兴趣的工作，有值得信赖的朋友，人人都充满了幸福感。

奥胡斯人的幸福感来自他们相互信任的传统，这种传统也许可以追溯到 1000 多年前维京人生活的时代，并一代又一代地传承下来，成为奥胡斯人彼此信赖的坚实根基。奥胡斯人的幸福感还与他们独特的价值观有关。他们常常会因为生活中的一些小幸福而感到满足，比如，一个奥胡斯人在雨中骑自行车前行只是为了应对全球变暖，然而对于有些国家的人，可能会好奇他为什么要顶着大雨这样做。

奥胡斯人的这种行为和价值观念值得每个人借鉴，其实在任何时候，幸福都不会无缘无故地降临到我们头上，幸福总是以付出为前提，也总是与辛苦相伴而行的。在很多时候，有些人觉得自己并不幸福，可能不是因为生活亏待了他，而是其幸福观出现了问题。只有拥有正确的幸福观，保持内心的简单、纯洁，幸福才会成为你忠实的朋友。奥胡斯人用他们的幸福告诉我们，幸福原本真的很简单，简单得就像一个童话。

第二节　高税收：降低收入差距

贫富差距的扩大是影响居民幸福感的一个重要因素；反过来，一个国家、一个城市，如果能解决好贫富差距的问题，必将大大提升居民的幸福感。奥胡斯做到了这一点。

奥胡斯降低收入差距的法宝就是高税收，在奥胡斯，居民收入的 68％都用于纳税。不过，这么高的税收并没有遭到居民的反对；正相反，他们非常乐意这么做，因为这些税收的 70％都将被政府用来支持社会福利体系的建设，通过这一方式，政府在很大程度上降低了国民之间的收入差距，大大提高了全民的幸福指数。

奥胡斯城市虽小，得益于高税收和高福利，平等的理念已经深入人心。特别是在金钱方面，在很多奥胡斯人看来，富裕不一定是很有钱，拥有亲人、朋友的陪伴，享受大自然，或者拥有品读一本好书的能力的人，才是最富有的。

在奥胡斯，垃圾工和律师是平等的，因为他们同样为社会纳税，同样为社会作出贡献。42 岁的简·哈默是奥胡斯的一个垃圾收集工人，每天凌晨 3 点，他都会准时起床，吃完丰盛的早餐后，穿上自己明亮的橙色工作服，开上自己的高科技垃圾收集车就出发了。在五十九个垃圾收集站点，他都会无比热情地投入到垃圾收集的工作当中。哈默每周只工作 21 小时，一年能赚 8 万美元，每年都带家人去希腊旅游。哈默穿的是耐克跑鞋，开的车可是奔驰。哈默的手镯上写着"世界上最美丽的垃圾工人"，就是这简单的一句话，足可以看出他多么享受自己的生活，他是多么的幸福。到了周末，哈默会和住在同一个街区的医生、律师朋友一起吃饭、喝咖啡，非常随意轻松。他们都相互尊重，并不会因为职业的不同而有高低贵贱的感觉。

其实不只是奥胡斯，整个丹麦也是世界上税收最高的国家之一，丹麦征收的税额总数达到国民生产总值的 50%。其中，个人所得税是最重要的税种，几乎占整个税收的一半。此外，政府还征收增值税、香烟税、糖果税、电视税等各种名目繁多的税种。面对如此种类繁多的高额税收，虽然偶尔也有丹麦人发出牢骚，但对于减税，他们却会毫不犹豫地摇头。比如，南欧国家出现各种经济乱象，导致丹麦的出口受到极大的冲击，经济陷入低迷状态，为了改变这种状况，丹麦政府出台了一项减税政策，适当降低个人和企业所得税，希望通过促进消费和私人投资的方式来拉动经济的增长。然而，减税的做法并没有得到民众的支持，反而使政府民意支持度出现了大幅度的下滑。人们纷纷反对减税，因为这意味着公共财政收入缩水，社会上需要帮助的人得不到足够的帮助。更多的人认为，越是困难时期，有能力的人越应该多作一些贡献，这样丹麦作为一个整体才会更加强大。

在一个幸福的城市，人们通常会以交税为荣、以交税为乐，因为他们知道，税收取之于民、用之于民，最终会回归社会，"独乐乐"转化为社会福利的"众乐乐"才是民心所向，是人们的幸福源泉。

第三节　高福利："学有所教、病有所医、老有所养"

奥胡斯是一座蕴含着巨大正能量的城市，在这里，人们上学不花钱，看病不花钱，可以从事自己感兴趣的工作……这都源于"从摇篮到坟墓"的高福利制度。奥胡斯的福利制度涵盖了养老、医疗、失业等各个方面，任何人都不需要担心因为养老、教育、失业或者医疗等问题而使生活陷入困境。在教育方面，奥胡斯的孩子从幼儿园到大学，全部都是免费。不论家庭背景如何，每个人都可以接受同样的教育，并且可以安心读书。大学生不但不用支付学费，每个月还能获得5000多丹麦克朗（约合6000多元人民币）的补助金，这样，学生们就可以把自己的全部精力投入到功课之中，在自己喜欢的领域自由翱翔。

医疗方面，除了看牙医，所有人不论其社会地位如何，也不论其是否就业，都可以享受政府提供的免费医疗。不仅看病、住院的费用由政府买单，病人在药店自己购买药品还将得到政府的补助，甚至连住院期间的一日三餐也由政府买单。对于老年人来说，在享受免费医疗的基础上，还有特殊津贴，健全的养老保障体系让他们可以真正实现颐养天年。健全的、高质量的社会福利让奥胡斯人拥有十足的安全感，也正因为如此，他们在工作上有了更大的选择自由，他们完全可以从自己的兴趣出发，选择自己热爱的工作，不受到任何就业的压力，也不用为了高工资而去从事一份自己根本不喜欢的工作。在奥胡斯，很多人宁愿当一个有时尚范儿的饭店主厨，而不是看上去更加体面的大使。

当然，高福利也导致奥胡斯出现了一些"懒汉"，他们依赖于福利，主动放弃了工作，成为社会的"蛀虫"。其实，任何一种制度都有其优势和挑战，在高福利的城市的确难免会出现这样的现象。所以，政府的引导就显得尤为重要了，政府需要让人们明确自己有向社会作贡献的义务。个人从社会享受福利，就需要向社会做出回报，成为积极社会的一员。

第四节　社会信用机制：失信者寸步难行

诚信是健康、和谐社会的基石。奥胡斯人的幸福感也是建立在诚信的根基之上。根据经济合作与发展组织的报告，丹麦人相互之间的信任指数高达89%，稳居世界第一。讲诚信、重信用的价值观念渗透到奥胡斯市的每一个角落，不管是个人还是企业，都非常看重信用，都能自觉做到诚实守信、童叟无欺。

在大部分城市，人们只有对亲人、朋友才有比较高的信任感，甚至同事之间的信任感都不高，但在奥胡斯，即使陌生人之间也都建立了高度的信任感。在奥胡斯的咖啡厅里，人们可以悠闲地喝着咖啡，尽情享受美妙的下午茶时光，完全不必担心自己随手放在桌子上的钱包会被"顺手牵羊"。在街头，你的自行车可以不用上锁。在卖鲜花的摊位上，通常很难见到摊主，所有的买花人都是自觉按标价留下买花钱。很多超市的收银台都没有收银员，由顾客自己在自动收银机上扫描商品的条形码并付款。多台自动收银机同时工作，只需要一位超市工作人员来帮助操作过程中遇到问题的顾客。

奥胡斯人不仅信任陌生人，对政府也持有高度信任，所以尽管税收很高，他们非常乐意缴纳，因为他们完全相信政府能支配好这些钱，能为人们谋取更多的福利。

很多人会好奇，奥胡斯人之间的高度信任是如何建立的呢？这与奥胡斯市完善的社会诚信制度和信用体系是密不可分的。

奥胡斯人的诚信度是有据可查的，因为每个人都有一个独一无二的个人身份信息号码，俗称"黄卡号"，类似于中国的身份证。奥胡斯人的"黄卡号"是信息化、数字化非常高的身份证明，所有与个人生活和工作密切相关的号码，如电话号码、社会医疗保障号、银行账号等，都是和"黄卡号"挂钩的。只要在计算机上输入一个人的"黄卡号"，其诚信度就会一览无余地呈现。有负面诚信记录的个人，将无法贷款买房或买车，无法分期付款购买物品……时时处处都会受到各种制约。

与个人的"黄卡号"相对应，奥胡斯的企业也都有一个工商注册号，而企业的诚信度也可以通过其工商注册号一览无余。有失信行为记录在案的企业，将很难继续和其他相关企业开展合作，也很难从银行获得贷款。

在奥胡斯，信用记录也是一种商品，由独立的私营征信机构从银行、政府机构、保险公司、商家等多种渠道收集原始信息以及与信用相关的交易信息，加工、分析生成信用产品，然后出售给市场的需求者，信用记录会在很短的时间里被传播到社会每个角落，成为制约失信行为的有效工具。

正是奥胡斯健全的社会诚信机制和严厉的惩罚措施，使奥胡斯在全社会范围内建立起了高度的诚信，人人享受诚信带来的好处，人人畏惧不诚信将付出的代价，其结果就是人人诚信。严格的诚信体系也节约了社会运行成本，创造了更多的社会财富。生活在一个充满信任感的环境中，才能体会到人际共和谐的美妙；做一个信任别人和值得信任的人，才是一个幸福的人。

奥胡斯在社会诚信机制和社会公平机制建设上取得的成功，是幸福城市"五大标准"中"人际共和谐"、"社会普公平"的最好阐释，它告诉城市建设者们：只有让人们享受到富足、和谐、公平的社会环境，才能在物质、情感和精神三个层次体会到幸福的滋味，也只有三个层次的幸福都满足了，才算是真正的幸福城市。

2015 年 5 月 12 日，从空中俯瞰美丽西湖全景。

杭州公共自行车日均租用数达到 25 万人次。

2004 年 10 月 28 日，杭州天水街道敬老院 50 多位老人高兴地品尝由著名餐馆名师现场烹饪的长寿面，院内一片欢声笑语。

2015 年 3 月 28 日，扶植互联网创业和科技金融服务的杭州"梦想小镇"在杭州余杭区开园，首批共有 48 家企业、800 多名创业者入驻。

第六章　杭州：美丽宜居之城

"上有天堂，下有苏杭。"天堂，是人们对杭州这座美丽城市的由衷赞美。杭州以其美丽的西湖山水著称于世，西湖以其三面环山、一水抱城的水光山色，"浓妆淡抹总相宜"的自然风光情系天下众生。

杭州人的幸福感不只来源于这美丽的西湖风光，更来源于花园般的城市环境与舒适宜居的生活氛围。在杭州，移步是景，处处皆有情。这是一个能让你实现梦想的城市，生活在其中是何等惬意。

第一节　美丽杭州：国画长卷，梦想天堂

杭州又名钱塘，相传古代海潮侵袭，当地有富豪募钱筑堤，名"钱唐"，唐代为了避国讳改为"钱塘"。作为一座临水、靠水、亲水的城市，在杭州的五大水系中，西湖水秀甲天下、钱江潮名扬天下、运河系"国之瑰宝"、西溪为"城市之肾"、杭州湾连接东海。

杭州城总给人一种很干净的感觉，特别是在雨后，马路两旁樟树、柳树的叶子随风摇曳，有市民拎着鞋子光脚走在马路上，

不带尘泥，宛如一幅干净而美好的画卷，温润而浪漫……

杭州就是这样一个透着灵气的城市。满觉陇路上的旅馆，窗棂和屋顶都是木头制成的，散发着古朴的味道。西湖附近，烟雨楼台，山水小径，更是给人一种人间仙境的感觉。特别是在小雨淅沥的时候，去西湖边走一走，不啻为人间最奢侈的一种幸福。

"江南忆，最忆是杭州。山寺月中寻桂子，郡亭枕上看潮头。何日更重游？"这是白居易离开杭州之后的感慨。"东南形胜，三吴都会，钱塘自古繁华。"这是柳永为这座"天堂之城"的永恒定格。

随着经济的发展，杭州也从江南水乡的人间仙境一跃成为一座耀眼的东方大都市。一年一度西博会的召开，让这座城市闻名世界，更是成为世界舞台的焦点；而休博会的举办，更是把杭州独有的休闲气质带向了世界各地。在几代人的共同努力下，"让杭州走向世界，让世界了解杭州"终于成为现实。

"住在杭州，学在杭州，游在杭州，创业在杭州"，已经从大街小巷的广告牌上进入了每个杭州市民的心里，闪耀在每个来到杭州的人们的眼中。杭州处处像花园，美丽不言而喻，但感触最深的，是这座城市民生保障事业做得特别好，它让生活在此的每个人都能享有一份生活保障。

自 2007 年"中国最具幸福感城市"评选以来，杭州几乎每次都毫无悬念地拔得头筹。2009 年 12 月 26 日，杭州更是获得了具有特别意义的"2009 中国最具幸福感城市建国 60 周年特别大奖"。

对此，组委会的颁奖词用了"国画长卷，梦想天堂"八个字来诠释——"一片湖，一条江，一座山，这是一座得天独厚的城市。西子湖边动人的婀娜，钱塘江边追寻的脚步，这是一个懂得将幸福拥揽入怀的城市。没有来这里总是遗憾，来到这里却不得不离开，更是遗憾。"

杭州，这座山光水色的人间天堂，有写不尽的绝代芳华，也有道不完的动人故事，在今天，它的身姿愈发曼妙，它的味道愈发浓郁。

第二节　城市建设：小细节体现大智慧

有一首民谣这样说：丢失了一个钉子，坏了一只蹄铁；坏了一只蹄铁，折了一匹战马；折了一匹战马，伤了一位骑士；伤了一位骑士，输了一场战斗；输了一场战斗，亡了一个帝国。这让人想起"失之毫厘，谬以千里"这句中国古语。无论做人、做事，都要注重细节，从小事做起。细节决定成败，这个道理不仅适合于个人事业、企业管理，更适用于城市建设。

杭州的城市管理者就非常注重细节。从大街小巷的改造到快速公交的设立，从西湖综合保护工程到大运河（杭州段）综合保护，从夏送清凉、冬送温暖的"春风行动"到"新杭州人"的"八个有"，无数细节体现着城市管理者的用心。

以杭州市出台的落实外来务工人员生产生活的"新杭州人"的"八个有"政策为例，这"八个有"包括有收入、有房住、有书读、有医疗、有社保、有救助、有安全、有组织。

自 2008 年开始，为提升外来务工人员就业竞争力，杭州市就业服务局加强外来务工人员的职业技能培训，构筑外来务工人员培训的社会培训网络；在外来务工人员子女受教育方面，为了保证外来务工人员子女享受同城待遇，在杭州市城乡实行义务

幸福城市才是最好的城市

教育免杂费的基础上，还实现外来务工人员子女义务教育阶段免交课本费、作业本费和借读费；在医疗卫生保健方面，在外来务工人员聚居的城郊结合部，重点新建、改扩建更多社区卫生服务站，主城区新建两个社区卫生服务中心、三十个站，改扩建五个中心、二十个站，力求让外来务工人员享有同城的医疗卫生保健；在养老方面，完善外来务工人员"双低"养老保险办法，降低缴费比例，进一步减轻外来务工人员负担。

此外，杭州还建立了外来务工人员特殊困难救助机制，所有遭遇突发性危难险情或因为重大疾病导致生活难以为继的外来务工人员，都可以发出求助。所有这些政策的细致入微，让"新杭州人"在安居乐业的同时，内心也感受到一份浓浓的暖意。

还有一项举措也体现了杭州市管理者注重细节的管理理念。2008年5月1日，为了破解城市公共交通的"最后一公里"问题，杭州敢为人先，迎来了国内第一个公共自行车交通系统的开通。按照杭州市的规定，16—70周岁之间、具有熟练自行车骑行能力的需求者，可以凭借杭州公交IC卡及开通公交功能的市民卡，在租车服务点办理租车或还车。对于没有IC卡的市民和外地游客，杭州市政府也做了充分考虑，他们可在各固定标准式公共自行车租用服务点及杭州公交IC卡发售、充值点，凭本人身份证等证件，交300元现金作为租车信用保证金和消费资费押金，办理杭州公共自行车租用卡。一小时内免费，一小时至两小时收取一元租车服务费，两小时以上至三小时租车服务费为两元，超过三小时按每小时三元计费。

杭州公共自行车系统的开通，在全市范围内赢得了一片叫好之声。特别是来杭州旅游的人，当他们发现竟然可以骑着自行车游览西湖时，惊讶和激动之情溢于言表。可以说，这样的旅行体验既满足了观光需要，又别有一番情趣。

同样的细节还有很多，生活在杭州的人们，每天都可以感受到这座城市为提升城市幸福感，努力让全体人民"学有优教、劳有多得、病有良医、老有善终、住有宜居"而不断努力的细节，以及其中的良苦用心。

城市建设最怕的就是因小失大，很多人只热衷于干"大事"，总想来点儿"大手笔"，对很多那些"小事"却不重视，甚至是不屑一顾。他们忽视了一点：城市环境恰好反映在那些小细节和小事上，只有干好"小事"，才是真正的"以人为本"，也才能真正实现"以市民的方便为方便，以市民的舒适为舒适"。实际上，从人们身边的小事做起，让人们从细微中感受变化，其效果远比干好大工程更好。

可以想象，当城市的每一个角落都充满着让人感动甚至激动的细节变化时，无论是市民还是过客，都必然会真切地感受到这座城市人性化和人文化的关怀，并油然而生一种幸福感和认同感。

第三节　"电商换市"：打造中国电子商务之都

10 年前，上网买东西还只是年轻人偶尔为之的尝鲜之举，如今，网购已经不分年龄、不分性别，成为很多人的一种消费习惯。时下的中国电子商务正以破竹之势扶摇崛起，杭州无疑是其中最有气势的一股先锋力量。

也许是因为杭州是全国最大网络公司阿里巴巴的诞生地，同时也是我国电子商务的试点城市，杭州人对于网上消费有着天然的亲近感，杭州的网络消费氛围异常浓郁。当然，杭州人较高的物质生活水平以及敢于、喜欢尝鲜的性格，也为电商在杭州的发展奠定了坚实的基础。有统计数据显示，自 2007 年以来，杭州网络零售额的增幅连续六年都在 90% 左右，成为杭州经济最为重要的经济增长点。一条以网上交易为核心，涵盖了技术、物流、支付、认证、数据等全方位的电子商务产业链，已经助力杭州经济的转型升级。

2012 年 8 月，杭州市建立了以市政府主要领导为组长的杭州市电子商务工作联席会议制度，负责牵头全市的电子商务工作，相关 22 个政府职能部门为成员单位，联席会议办公室设在杭州市贸易局。杭州市电子商务工作联席会议的成立标志着杭州电子商务产业进入到了政府引导、企业参与、有序发展的快车道。

2013 年 5 月，杭州市首次建立起了权威、科学、完备的电子商务统计体系，目前，已经有近百家电子商务相关企业纳入该统计系统，在全国率先实现了电子商务行业发展数据的常态化、规范化统计。

根据"电商换市"的总体发展思路，在市电子商务工作联席会议的统筹部署下，杭州积极利用电子商务手段开拓国内市场、国际市场、农村市场以及扩大居民消费。争取到 2015 年，全市网络零售额突破 2500 亿元，占全市社会消费品零售总额比重达 50%；实现跨境电子商务占外贸出口总额比重达 10%；全市企业电子商务应用普及率达 85%。只有这样，才能继续保持杭州电子商务在全省乃至全国的优势地位，使电子商务成为拉动杭州市内需、扩大杭州产品市场的强大动力，成为杭州经济转型升级的重要手段。

杭州电子商务的影响不仅体现在个人消费方面，对地域经济的发展也产生了深远影响。比如，传统的实体店有着有限的辐射范围，消费者数量受到限制，而电子商务的发展打破了这种地域局限。如果一座城市的电子商务得到很好的发展，就不仅可以赚本地消费者的钱，还可以赚其他省市乃至国外消费者的钱。当外地人通过网络比本地人买得更多时，就能够构成所谓的"网络顺差"。杭州因为在电子商务方面处于领先地位，"网络顺差"就相当明显：2012 年杭州产生了网络消费净流入，也就是网络顺差 519.1 亿元。这是一个什么概念？相当于在原有基础上，电子商务又给杭州增加了半个嘉兴市的消费市场。

更为重要的是，电子商务产业发展所带来的并不仅仅是网络零售这一个增长。以网上消费为核心，电子商务还向外延伸出了包括技术、物流、支付、认证、数据等一整条与之相关的产业链。这条链上的任何一环都蕴藏着巨大的市场潜能。

电子商务的发展正在给现代社会带来的各种冲击和巨变，是任何人都无法阻挡的。同样，电子商务所带来的全新的机遇，也是没有人可以抵挡其诱惑的。顺势而上，趁势而为，无疑是包括杭州在内所有城市的必然选择。在未来继续保持在全省乃至全国范围内电子商务发展的优势地位，继续保持电子商务平台的世界领先地位，继续打造中国电子商务之都，当然也是杭州的必然选择。

第四节 "美丽价值观"：留住生态，才有发展

西湖傍杭州而盛，杭州因西湖而名。自古以来，"天下西湖

三十六，其中最美是杭州"。云山秀水是西湖的底色，山水与人文交融是西湖的格调。西湖之美，在于湖裹山中，山屏湖外，湖和山相得益彰；西湖之美，在于晴中见潋滟，雨中显空蒙，无论雨雪晴阴都能成景。西湖之美，更在于杭州人对于生态的守护。

据记载，五代十国时，有方士劝吴越国王钱镠填平西湖，于其上建王府，可聚千年王气。但是，钱镠不但没有采纳这个建议，还成立专门机构疏浚湖水，改善生态，决心要为后人永远留住这片绿水青山；白居易任杭州刺史时，西湖蓄水减少，湖中生态破坏严重，为此他不辞劳苦修坝蓄水、疏通井道；曾两度在杭州为官的苏轼，看到湖水生态退化、农田无水可灌，便迅速展开建造苏堤等一系列大规模抢救工程……

随着生活水平的提高，大家对生态环境非常关注，生态环境的好坏已经成为影响居民生活幸福与否的重要因素。而杭州这座城市，因为有着生态理念与实践的历史传承，同时又天生丽质，可以说具备了建设"美丽中国"样本的基础和条件，这是其他很多城市可望而不可即的。改善生态环境就是发展生产力，杭州提出的"环境立市"背后，是对发展的忧患意识：市区土地开发强度已经超过30%，按国际惯例接近生态承载极限；纺织等六大耗能行业的工业总产值占工业总产值的30%，节能降耗减排压力巨大，改善生态环境迫在眉睫。

保护水源水质、修复岸线生态、促进产业转型升级的"三江两岸"生态景观保护与建设工程，如今正在或者已经成为现实。领导班子达成共识：解决发展的问题不是不发展，而是要科学布局生产空间，善用"留白"技法，给自然留下更多修复空间。

在"三江两岸"生态景观保护与建设工程进行的同时，杭州还在实施旅游西进、科技西进、文创西进、现代服务业西进，推动西部五县市着力建设杭州重要的生态屏障。其中，千岛湖畔的淳安县被列为"美丽杭州"建设试验区，在考核中，GDP 不纳入综合考评，考核内容集中在生态保护、生态经济等方面。这意味着这座小城得到彻底解放，可以以腾出更多财力、物力和空间用于生态保护。如今，杭州市还在进一步探索创新考核模式，把资源消耗、环境损害、生态效益等指标纳入经济社会评价体系。

联合国曾有一句寓意深刻的警语，"我们不只是继承了父辈的地球，而且是借用了儿孙的地球"。钱镠之于西湖，现代人之于杭州，都是在尽当好这一方山水的托管人的责任与义务。

如今，杭州城北的京杭大运河，如同碧绿的缎带一般，穿过广济桥、拱宸桥，两岸栽满绿植的人行步道、御碑文化主题公园、漕运仓储博物馆让人流连忘返，曾经脏乱散的污染企业再也寻不见。古老的运河胜景又平添了现代生态文明之美。一些居民说，过去造房时，大家连窗子都不敢往运河方向开；现在这里成了景观房、景观窗，大伙有了真正的生活品质。

如今，蔡志忠漫画工作室、法蓝瓷收藏品展示馆、平面设计公司、电影特效制作企业……这些新产业聚集在转塘镇凤凰山下的文化创意产业园中，已经取代了老旧的水泥厂。在水泥厂旧厂房的基础上，这些文化公司充分发挥自身善于创新的精神，改造出了一个浪漫的文化风情小镇。退二进三、弃重择轻、变黑为绿，在杭州，像转塘镇这样的文化创业园还有很多，它们承担起了杭州改造产业结构的职责。在这个基础之上，整个杭州城也开始在一条绿色发展之路上加速奔跑，按照国家对杭州城市发展的定位，杭州将走上包括高技术产业基地、国际重要的旅游休闲中心、全国文化创意中心、电子商务中心、区域性金融服务中心在内的"一基地四中心"的发展道路。

　　娇艳的荷花、翠绿的茶叶，如果维系在一条摇摆于污泥间、脆弱的"生态茎脉"上，就时时有折断、枯萎的可能。有着悠久生态历史的杭州正视危机，正努力把自己镶嵌在青山绿水之中，在这个 1.66 万平方千米土地上描绘出人与自然和谐的"现代版富春山居图"。

　　如果对照上篇提出的幸福城市"五大标准"，杭州无疑也是一个标准范本，无论是物质保障还是环境建设，都取得了不俗成绩，值得幸福城市建设者们借鉴和学习。

2007 年 1 月 28 日，市民在成都美食旅游节上购买食品。

成都武侯祠园林。

川味浓郁的成都茶馆。

新华社提供照片

2011 年 8 月 12 日，成都天府广场上的美丽轮滑城管劝导队员给问路人指路。

新华社提供照片

第七章　成都：小众生活独有一番滋味

成都，一个让人来了就不想离开的地方，一座悠远的文化名城，正迈开红红火火的脚步，用睿智和远见，破解中国城乡差距的难题，在均衡发展的基础上，让每一个人共享一座城市的幸福。"田园都市，共同分享。"——2009中国最具幸福感城市评选活动经过3个多月的调查投票，成都从660个城市中脱颖而出，获得"幸福大奖"。

作为一座文化名城，成都在平衡发展的基础上，力求让每一个人共享这座城市发展的成果。或许，不是每一个成都人都能够感受到同样的幸福，但请相信，这里的每一个人都懂得幸福的真谛。

第一节　幸福成都：一座来了就不想走的城市

成都是这样一座城市：你可以漫步在宽窄巷子里，看着太阳渐渐西下，尽情地享受什么是真正的慢生活；你可以到灾后恢复建设的街子古镇，在那里的民居客栈小住几天，领略川西坝子古镇的民俗民风，吃上怀远三绝"叶儿粑"、"豆腐帘子"、"冻糕"和汤麻饼等小吃，享受美食的滋味；你可以在有"茶马古道第一镇"之称的平乐古镇的河边坐下，观赏现实版的清明上河图……

成都是我国西南开发最早的地区，也是我国第一批历史文化名城之一。自2300年前古蜀国王朝迁都至此，取周太王迁岐时"一年成聚，二年成邑，三年成都"意，得名"成都"，相沿至今。因有都江堰的浸润，成都自秦汉以来就"水旱从人，不知饥馑，时无荒年"。

"蓉城"成都，自古以来就有"天府之国"的美誉。由于四川盆地周围崇山峻岭，易守难攻，成都得以自给自足，并少受战争之祸。这些历史，既给成都保留了相对较好的文化，也收留了许多"清淡雅士"和"避世隐士"。

"九天开出一成都，万户千门入画图"，在中国偌大的历史版图上，成都是唯一一个建城以来城址以及名称从未更改的城市。而在中国近700个城市中，似乎也很难找到一个城市如成都这般独具魅力：质朴又现代，豪放又婉约，快速发展却又慢速生活。它从不哗众取宠，却总是紧紧吸引众人的目光。

成都人总有一种从从容容的慵懒、松松垮垮的节奏、坦坦荡荡的性格，他们不急躁亦不拖沓，不显摆也从不没落，他们的小幸福里蕴含着大智慧。有个笑话反映成都人的生活态度：某日，天降大雨，所有人都奔跑避雨，独有一人在雨中闲庭信步，问何故，此人慢悠悠答曰："急什么，前面不也下着雨吗？"原来这个人正是成都人。

作为四川省的省会，成都既有现代化国际大都市美感，又有千百年来流传不息的古都沧桑韵味。美景、美食、美酒、美女，是众口相传的成都"四美"。美景自不必说，自然景观与人文景观相得益彰；在美食方面，可是得到了美食家们的共识，正所谓"食在中国，味在四川"，不仅如此，成都还获得了联合国教科文组织认定的亚洲首个世界"美食之都"的称呼；在美酒方面，成都更是毫不逊色，我国传统的八大名酒，四川独占其五；成都女孩天生丽质，既有北方人的健美和大方，又有南方人的灵秀和婉约，因此成都获得了诸如"美女第一城"、"红粉大本营"等称号。坊间流传的"不到成都，不晓得结婚太早"的戏言，听起来可能有些夸张，去过成都之后会觉得很有道理。

有人这样形容成都：充满洋气的国际化的大都市与喝茶搓麻将摆"龙门阵"的老城和谐集于一身。成都及其周边地区除了沙漠与大海，无论想要什么样的体验都能够得到满足。

成都近年来的经济发展一直领跑中西部城市：2012 年，其GDP 达到 8138.9 亿元，2013 年则达到 9670.75 亿元，居全国副省级城市第三位，仅次于广州和深圳。在成都，一座座的高档写字楼拔地而起，汽车保有量直逼全国第二，与此同时，现代化的环线大道也呈现在人们面前。不过，虽然走在快速发展的道路上，成都人内心并不急躁，依然保持了一份难得的悠然。武侯祠、锦里、杜甫草堂、都江堰、青城山、乐山大佛、峨眉山就在市区或周边，周末随便逛逛，便可洗去一周的劳碌。

一碗清茶，一曲悠扬的琴声；一进院落，一幕如水的生活；一条巷子，一片精神的家园。成都用一个"慢"字串起了生活的悠闲和安逸；张弛有序的成都人，到宽窄巷子里宽坐、泡一泡周边小镇、挑一处逍遥酒店夜枕锦江，便活出了真性情。成都人说：日子是水，自己是鱼，游着走就是了。

城，依水而建；人，临水而居；人在城中，城在景中……这就是如今的成都。沃野千里的天府之国，璀璨悠久的古蜀文明。时尚与传统交相辉映，发展和保护水乳交融。成都，一座洋溢着幸福暖流的城市，一座来了就不想离开的城市，一个让时间慢下

幸福城市才是最好的城市

来的"休闲之都"。

第二节　慢生活：逍遥散淡，最有生活质感

　　成都是一座悠闲的城市，摆龙门阵，喝盖碗茶，打打麻将，吃吃美食，人生最闲情逸致的事都可以在成都找到，所以古人才会留下"少不入川，老不出蜀"的训诫。

　　喝茶、斗地主、打麻将、逛公园、享受按摩的乐趣，无疑都是成都人"安逸"生活的标签。快成都慢生活，是成都人的生活状态，一种现代化的慢生活方式。"快"是快速发展，也是快乐：成都人喜欢买车，喜欢旅游，喜欢"车行天下"的"乐游生活"，这种快乐的底气来自成都的"快"速发展。这些年，尤其是统筹城乡改革实践以来，成都的社会经济发展像川剧变脸一样又好又快。

　　"慢"是慢条斯理的慢。成都人认为一切的"快"，最终目的都是让生活慢下来，悠闲下来。懒慢是成都人的生活节奏，这让他们显得温和而圆润，创新而有条理；他们一边呼朋唤友喝茶聊天，一边从容不迫地轻松理财。而在他们的心中，则藏着一份独有的得意之情，因为全世界最早的纸币"交子"是他们鼓捣出来的，稀世珍宝、人见人爱的大熊猫，也是由他们精心呵护。在他们的"慢生活"当中，他们慢慢地陪着家人，慢慢地做桌私房菜，慢慢地把"耙耳朵"打造成幸福锁，然后慢慢地华丽转身——快速融入"数字生活"。

　　成都人的慢生活，一是从容之慢，以抵抗现代社会中充斥的令人炫目的快速；二是温和的傲慢，所谓"玉皇招我做女婿，山

远路迢不肯去"。在任何一个公园的茶馆，都可以惬意地躺坐在竹椅上，让阳光打在侧脸，任掏耳朵的师傅用一大把专业工具：镊子、小钳子、钩子、钎子等，慢慢对付自己的耳朵。揉、拨、钻、弄、挠……掏耳朵几乎是一种散文化的劳动，蕴藏着内在的节奏与章法。

马尔克斯说：生活是人类发明的最好的东西。在我国，成都算得上是最有生活质感的城市。生活在这座城市的人，或许表面上看起来有些懒散，但内心绝不堕落。他们所选择的只是一种随和的生活态度，内心依然藏着坚定的人生理想和追求。读元曲小令，"逍遥散淡"四字出现率极高，用来形容成都最恰当不过。在这个世界飞速发展，生活失去味道的时代，成都人正在用他们特有的方式竭力保留生活的味道。

第三节 小众文化：海纳百川，兼容并包

成都是一座文化多元、包容性强、小众文化盛行的城市。以创意产业为例，中国的文化创意产业代表区域，北京有大山子798艺术区、宋庄，上海有8号桥创意产业集聚园区、莫干山路50号艺术区，昆明有创库……而作为中国文化创意产业领域具有代表性的城市，成都却很特殊，它没有一个相对集中的创意园区，文化创意群落分布在了整个城市。

小众文化是相对于大众文化而言的，它是以个人为基础，并局限于邻人、同道或者朋友等小圈子里而形成的，与大众文化有着根本性的差异。小众文化是低调的，并且拥有一种外人不能详知的内聚性，往往用只有少数人能够心领神会的语言方式进行沟

通与交流。小众文化还强调"近亲性",强调知心朋友间的彼此了解。

虽然盛行的是小众文化,但成都的文化创意群落却具有多样性、包容性的特征。与北京 798 艺术区等只有当代艺术聚集不同,成都的文化创意群落里不仅能发现当代艺术家的身影,中国传统书法、绘画艺术家也会聚集于此。成都向来就是各类艺术蓬勃发展的宝地,在全国乃至全世界均占有一席之地。不管是传统的水墨画家,还是新锐的当代艺术家,都能在成都找到适合自己的位置。

成都的绘画氛围不同于杭州的极度推崇水墨画,也不同于北京的极度推崇中原主流文化,而是抱着一颗欣赏艺术的平和之心,彻底丢掉二元对立的思想,以兼容并包的心态接纳所有的先进艺术。从篆刻到行为艺术,从水墨到当代油画,在成都,几乎所有艺术门类的顶尖艺术力量都存在着。

在三圣花乡,著名设计大师许燎原建立了全国首个现代艺术设计博物馆,除了展出自己的作品外,这个博物馆还被打造成为全国设计行业交流平台,日本和中国香港、中国台湾等设计师的精品佳作都被相继引进。目前,这个博物馆已经成为全国设计界高端对话的平台。

随着中国开放程度的加深,很多城市在发展中都淡化甚至遗失了自我的文化品格,本土文化丧失殆尽,又或者是一味保护文化却始终难以突破发展的瓶颈。而成都在这两方面都做得很好,传承与创新和谐统一,相得益彰。

成都底蕴深厚的文化历史,给中国传统艺术生根发芽提供了沃土;而成都悠闲自由追求新知的传统,又让人们乐于接触当代艺术。城市海纳百川的包容性反过来又影响了艺术家,使其作品糅合了多种艺术元素，从而形成了成都艺术创意群落的兼容并包的特点。

第四节　成都样本："稳中快进"的中西部领跑者

2013 年 6 月，第 12 届财富全球论坛在成都举行。这是继上海、香港、北京之后，第四个被财富全球论坛选中的中国城市，也是中国西部第一个承办该论坛的城市。财富论坛选择成都，是对成都近年来的经济社会发展，尤其是在世界经济形势普遍低迷的背景下，"稳中快进、领先发展"所取得成就的一种肯定。

在成都市政府看来，从工业化、城市化、国际化和区域经济一体化的长远进程看，成都目前的发展仍然处在非常关键的攀升期，因此，通过产业结构调整来实现工业的充分发展和高端化是十分必要的。为此，他们达成了"后发定位"的共识：实施产业倍增战略，越是处在后发态势，越要谋求领先发展。后发意味着发展差距，但也蕴含着高点起步、高位切入的可能。成都要与东部"同台竞技"，在全球产业西移浪潮中，引进发展高新、高端、高效产业。

具体做法是：两手抓，一手抓外生型增长，大规模、成建制、全链条地把省外、国外的成套产业更多地转移到成都来；一手抓好内生型增长，实行"三圈一体"战略，实现错位发展、协调发展、一体发展，让市域经济雁群联动齐飞。

后发优势不可小视，成都市统计局发布的 2012 年成都产业倍增战略统计监测报告显示，在产业倍增战略的引领下，2012 年成都努力化解和克服了经济下行的压力，产业倍增战略开局良好，为打造西部经济核心增长极奠定了坚实基础。

所谓产业倍增战略，就是加快高端化产业格局的构建，即大力构建先进制造业、现代服务业和都市现代农业联动发展的现代产业体系，致力于把成都打造成支柱产业的高密集中区和新兴产业的重要孵化地，从而牢牢把握西部地区高端产业和产业高端的战略制高点。

在与东部竞技的大舞台上，成都正在创造着令人欣喜的"传奇"：2012 年，成都实现地区生产总值 8138.9 亿元，跨入全国副省级城市第三位，仅次于广州和深圳，经济总量更是逼近北京的二分之一。其中，电子信息产业主营业务收入突破 3000 亿元。成都经开区的汽车产业也已实现整车生产 37.5 万辆，踏入千亿产业俱乐部。全球 80% 的 ipad 在成都制造，全球笔记本电脑所用芯片，有一半产自成都。2012 年年初，英特尔"成都芯"突破 10 亿颗，这意味着成都已经成为英特尔全球最大的芯片封装处理中心。

2012 年，瑞士雀巢、罗氏制药等 26 家世界 500 强企业落户成都。至此，来到成都投资发展的世界 500 强企业达到 233 家。也是在 2012 年，成都市外商投资实际到位 85.9 亿美元，实际到位内资 3198 亿元，分别增长 31.1% 和 24.7%；实际进出口总额 475.4 亿美元，增长 25.5%，其中出口总额 304 亿美元，增长 32.4%，增幅为副省级城市首位。

2013 年，落户成都的世界 500 强企业继续增加，达到了 252 家，其中境外企业 188 家，境内企业 64 家。由成都市政府新闻办公室发布的投资数据统计显示：2013 年 1 月至 11 月，成都市新签约引进重大项目（含增资项）412 个，完成目标任务的 103%，超目标任务进度 3 个百分点，投资总额 2297.94 亿元人民币。其中，世界500强企业投资项目61个，比上一年同期增加22个，总投资5亿元以上特别重大项目163个。

2013年1月至11月，实际到位内资2956.93亿元，同比增长27.7%；实际使用外资98.57亿元，完成目标任务的88.26%，同比增长27.78%；全年实际利用外资103.1亿美元，同比增长20%，外资引进突破100亿美元大关。2013年，成都整车产量达到70万辆，成都市汽车工业的主营收入历史性地超过1000亿元，工业增加值同比增长40%。

高端的产业需要有高端的人才做支撑，为了服务高端产业发展，"成都人才计划"紧扣重点优势产业发展需求，重点选拔了电子信息、生物医药、新能源、新材料、先进制造业等产业领域内的领军型创新创业人才，一批具有国际水准、代表产业高端的创业人才和核心技术落地成都。

目前，成都拥有各类人才300多万人。成都市通过统筹开发国内国际两种人才资源，全力建设西部人才核心集聚区，以人才引领成都提质升位。其中，成都地区拥有国家"千人计划"专家87名，占全省总量的95.6%；拥有省"百人计划"专家210名，占全省总量的90.5%；"成都人才计划"专家114名、顶尖创新创业团队5个。值得一提的是，114名"成都人才计划"专家，拥有发明专利380多项，许多填补了国际空白，待产业化后将成为产业倍增的有力支撑。

有了良好的开局，成都继续深入推进产业结构转型升级，先导发展先进制造业，坚定不移地走高新高端高效、集中集群集约的现代工业发展之路，着力把"成都制造"升级为"成都智造"，稳中快进地领跑我国中西部的经济发展。

第五节 明日成都：世界生态田园城市

诺贝尔经济学奖得主克里斯托弗·皮萨里德斯说：成都拥有诸多优势，将在全球经济中取得佳绩。接下来几年，其工业相对优势会起主导作用，高科技产业会继续长年主导经济形势，但是工业就业人数迟早会回落，服务业增长将后来者居上，建议提高成都农业和服务业的质量。他认为，成都拥有悠久的历史，周边环境优美，还有美丽的牡丹和可爱的大熊猫，可以发展高质量的旅游业；成都土地肥沃，可以生产高质量的食物，成都将成为中国下一个大片区的活动中心。

英国城市规划师霍华德在他的著作《明日，一条通向真正改革的和平道路》中认为，应该建设一种兼有城市和乡村优点的理想城市，他称之为"田园城市"。田园城市实质上是城和乡的结合体，是为健康、生活以及产业而设计的城市。从规模上来说，这样的城市足以支持丰富的社会生活，但又不会因超过一定程度引发各种困扰。

2009 年成都市正式确立了建设"世界生态田园城市"的历史定位和长远目标。计划用 20 年左右时间，初步建成"世界生态田园城市"，并进一步基本建成世界城市。

霍华德的田园城市理论核心是"自然之美、社会公正、城乡一体"。注入成都特色后，霍华德的这一理念在实践中变为"世界生态田园城市"。建设"世界生态田园城市"的定位，既与成都的自然环境相契合，也与成都统筹城乡发展、推进城乡一体化的未来发展方向高度吻合。同时，这一理念也充分体现出在经济全球化的大趋势下，在世界各大城市竞相发展格局中，成都的历史定位。

成都建设"世界生态田园城市"的历史定位，包括三个方面的内涵：

在功能定位上，成都将不仅是我国国内重要的中心城市，而且是国际性的区域枢纽和中心城市。

在城市形态和发展水平上，成都将建成充分体现"自然之美、社会公正、城乡一体"思想的生态田园城市，建设成为统筹城乡发展和生态文明建设的样板。从形态上来说，要构建现代城市与现代农村和谐相融、历史文化与现代文明交相辉映的新型城乡形态。在广大的农村地区是"人在园中"，两三圈层是"城在园中"，中心城区是"园在城中"。这样一来，就能够有效整合城市和农村的优点，让城市和农村的人们都能够同时享受高品质的城市生活和惬意的田园风光。

在城市等级上，成都将采取"分步走"的节奏，先努力建设成为国内"一线"城市，接着进入世界三级城市，继而打进世界二级城市行列。

"望得见山、看得见水、记得住乡愁"，中央城镇化工作会议文件以诗意的文字描述了城乡建设的美好愿景，触动了很多人心中最柔软的部分。今天，一幅"既拥有现代生活又置身田园风光"的现代城市与新型农村和谐相融、历史文化与现代文明交相辉映的新型城乡"画卷"已经展开在成都人的面前。

按照幸福城市的"三层次理论"，任何一个幸福城市都离不该物质、情感和精神三个层次的幸福。成都之所以能成为幸福城市，关键在于实现了富足的慢生活和有韵味的小众文化完美结合，增强了三个层次的幸福感，安居乐业成了他们幸福生活的最好注解。

尾声　幸福，就在笑脸上

查尔斯·狄更斯在《双城记》的开篇曾经写过这样一段话："这是最好的时代，这是最坏的时代；这是明智的时代，这是愚昧的时代；这是信仰的时期，这是怀疑的时期；这是光明的季节，这是黑暗的季节；这是希望之春，这是失望之冬；人们面前应有尽有，人们面前一无所有。"

如今，我们也身处这样一个大时代中。抬眼望去，中国正在上演着 21 世纪最为跌宕起伏的一幕：城市化的浪潮席卷而来，人人都被裹挟在这股浪潮之中。而在城市化的过程中，人们最为关注的，莫过于城市建设与城市发展能否与幸福一路同行？人是城市的中心，幸福是城市的灵魂。幸福应该成为一座城市的核心价值观，唯其如此，才能为城市构建起一个完整的价值体系，以人为本来协同区域建设、生态保护、经济发展、产业布局、文化事业、公共服务等多领域的发展，让生活在城市中的每一个人都能共享幸福。

然而，什么样的城市才是幸福城市？其实，幸福并无标准答案，幸福是一种自我感受，看不见也摸不着，每个人的标准也不尽相同，但从大方向而言，人人都希望找一个能够安居乐业的城市安家。幸福来源于民生，来源于一座城市能够给予公民的各种权利享受，包括教育、医疗、住房、养老等各个领域；幸福来源于对"城市病"的治愈，来源于城市建设的进步，来源于环境的改善；幸福来源于公众得到了权力的尊重，真正拥有了尊严的满足。

一座城市是否幸福，不是写在纸上，也不是排在名上，而是烙在人们心上，展现在老百姓的笑脸上。

图书在版编目（CIP）数据

幸福城市才是最好的城市 / 卢俊卿 著 . – 北京：东方出版社，2015.8

ISBN 978-7-5060-8363-8

I. ①幸…　II. ①卢…　III. ①城市建设－研究－中国　IV. ① F299.2

中国版本图书馆 CIP 数据核字（2015）第 178033 号

幸福城市才是最好的城市

（XINGFU CHENGSHI CAISHI ZUIHAO DE CHENGSHI）

作　　　者：卢俊卿	
责任编辑：杨瑞勇	
封面设计：徐　晖	
版式设计：杜维伟	

出　　版：东方出版社

发　　行：人民东方出版传媒有限公司

地　　址：北京市东城区朝阳门内大街 166 号

邮政编码：100706

印　　刷：北京盛通印刷股份有限公司

版　　次：2015 年 8 月第 1 版

印　　次：2015 年 8 月北京第 1 次印刷

开　　本：710 毫米 ×1000 毫米 1/16

印　　张：17.5

字　　数：215 千字

书　　号：ISBN 978 - 7 - 5060 - 8363 - 8

定　　价：60.00 元

发行电话：（010）64258117　64258115　64258112